Mujeres y ministerios
en la Iglesia sinodal

Un diálogo abierto

J. B. Wells – G. Di Berardino
J.-C. Hollerich – S. P. O'Malley
L. Pocher

Mujeres y ministerios en la Iglesia sinodal

Un diálogo abierto

Paulinas

Las citas bíblicas están tomadas de la Santa Biblia de la editorial San Pablo, Madrid 1998[19].

Los textos citados del Magisterio de la Iglesia y los documentos pontificales están tomados de la página web del Vaticano:

© Libreria Editrice Vaticana - Dicasterio para la Comunicación, Ciudad del Vaticano

© Figlie di San Paolo 2024, Milan

Título original: *Donne e ministeri nella chiesa sinodale. Un dialogo aperto.*

Traducido por: María Jesús García González.

Imagen de cubierta: Paul Blenkhorn.
Diseño de cubierta y maquetación: Alba Cosío Velasco.

© PAULINAS 2025
Carril del Conde, 62 - 28043 Madrid
Tel.: 91 721 89 84 - Fax: 91 759 02 04
E-mail: editorial@paulinas.es
www.paulinas.es

PAOLINE Editoriale Libri
© FIGLIE DI SAN PAOLO, 2024

ISBN: 978-84-19408-48-8
Depósito Legal: M-1016-2025

Impreso por Gar.Vi. 28970 Humanes (Madrid)
Printed in Spain. Impreso en España

Prefacio

Papa Francisco

La realidad es más importante que la idea: este es uno de los principios que han guiado, a lo largo de los años, mi reflexión y mi discernimiento, y que he querido ofrecer a la reflexión y al discernimiento de las comunidades eclesiales al comienzo de mi pontificado *(Evangelii gaudium* 231-232). Es para mí una satisfacción constatar que el programa propuesto por la hermana Linda Pocher para la formación del Consejo cardenalicio sobre la cuestión de las mujeres en la Iglesia está guiado por este mismo principio, y también sobre un tema tan importante y delicado como el de los ministerios en la comunidad eclesial.

El pensamiento cristiano, en su dimensión teológica, jurídica, magisterial y cultural, en su legítimo esfuerzo por trascender la incertidumbre del presente, no puede ser completamente ajeno al contexto en que se está formulando. A lo largo de la época actual, particularmente caracterizada por la fascinación por las ideas «claras y distintas», también la Iglesia ha caído, en ocasiones, en la trampa de considerar que la fidelidad a las ideas

5

es más importante que la atención a la realidad. Sin embargo, la realidad es siempre más importante que la idea, y cuando nuestra teología cae en la trampa de las ideas claras y distintas se transforma, inevitablemente, en el *lecho de Procusto*[1], que sacrifica la realidad, o parte de ella, en el altar de la idea.

No es nuevo un cierto sufrimiento de las comunidades eclesiales en cuanto al modo en que se comprende y se vive el ministerio. El problema de los abusos nos ha obligado a abrir los ojos sobre la lacra del clericalismo, que no está relacionada únicamente con los ministerios ordenados, sino con la manera tergiversada de ejercer la autoridad dentro de la Iglesia en la que todos pueden caer: los laicos y las mujeres también.

Escuchar los sufrimientos y las alegrías de las mujeres es, sin duda, un modo de abrirnos a la realidad. Al escucharlas sin emitir juicios y libres de prejuicios nos damos cuenta de que en muchos lugares y en muchas situaciones sufren precisamente por la falta de reconocimiento de lo que son y de lo que hacen, e incluso de lo que podrían hacer y ser si se les diera el espacio y la oportunidad. Las mujeres que más sufren suelen ser las más cercanas, las más disponibles, las que están preparadas y dispuestas a servir a Dios y su Reino.

---

1 El *lecho de Procusto* es una expresión proverbial que se refiere a quienes pretenden acomodar siempre la realidad a sus intereses o su visión de las cosas. Cuando se les hacen objeciones a sus rígidos planteamientos, se molestan, y siguen adelante sin inmutarse, convencidos de tener siempre razón.

Este pequeño volumen, que recoge los desafíos que tres mujeres han planteado al Consejo cardenalicio acerca del ministerio y los ministerios en la Iglesia, tiene el mérito de no partir de la idea, sino de la escucha de la realidad, de la interpretación sapiencial de la experiencia de las mujeres en la Iglesia. Y el procceso sinodal, en cuanto proceso de discernimiento, parte de la realidad y de la experiencia, en diálogo abierto y en fidelidad creativa con la gran tradición que nos ha precedido y nos acompaña.

Me gustaría encomendar el discernimiento que se está llevando a cabo ahora sobre el tema del ministerio y los ministerios de la Iglesia sinodal a la intercesión de los santos y las santas que han visto, escuchado, palpado con sus manos la manera de servir de Jesús y han formado con él el cuerpo eclesial en su configuración primera: María, Pedro, Juan, Magdalena, por nombrar solo a algunos, junto a sus compañeros y compañeras cuyas historias y nombres conocemos y a todos otros muchos, discípulos y discípulas anónimos, misioneros y misioneras del Evangelio, para que nos ayuden a ser intérpretes fieles y creativos de las intenciones del Señor.

Ciudad del Vaticano, 25 de marzo de 2024

Introducción

Linda Pocher FMA

A lo largo de su pontificado, Francisco ha demostrado en varias ocasiones la capacidad de abrir caminos nuevos a partir de la experiencia. Ha dado espacio a las mujeres en todos esos «ministerios» que no están establecidos, como por ejemplo los puestos de animación y gobierno en los departamentos vaticanos, cuyo desempeño requiere preparación y profesionalidad, características que no dependen del género y que pueden encontrarse en todos los bautizados. Asimismo, en varias ocasiones ha pedido a especialistas que abordaran la posibilidad de un diaconado accesible también a las mujeres, partiendo de la experiencia de la Iglesia primitiva; por último, ha invitado a las diócesis a conferir el acolitado y el lectorado a las mujeres, así como la institución del ministerio del catequista para todos los bautizados.

A pesar de esto, un creciente número de mujeres y de hombres, en todos los continentes, siguen teniendo la impresión de que todavía no se ha hecho suficiente. A partir de mi experiencia puedo afirmar que cada vez que se aborda el tema del papel de las mujeres en la Iglesia la cuestión de la exclusividad masculina al acceso a la ordenación es como el elefante en la habitación: todos ven el problema, todos saben que está ahí, y sin embargo, en la mayoría de los casos, resulta difícil, doloroso, hablar abiertamente de ello. Se desencadenan sentimientos contradictorios, sobre todo cuando, al abordar este tema, hay personas que sostienen perspectivas opuestas o simplemente distintas. En realidad, la cuestión no solo es compleja, sino también delicada, porque afecta al cuerpo de Cristo en la realidad concreta de sus miembros. Y –como afirma san Pablo– «si un miembro sufre, con él sufren todos los miembros» (1Cor 12,26).

También es verdad que –sigue diciendo el apóstol– «si un miembro recibe una atención especial, todos los miembros se alegran». Por tanto, estoy convencida de que es esencial, si prescindimos de la posibilidad o imposibilidad de ampliar o restringir ministerios, cargos, funciones dentro de la comunidad eclesial, seguir creciendo en la capacidad de reconocer, respetar y venerar la dignidad y el sufrimiento unos de otros. Se trata de aprender a poner aceite y no sal sobre las heridas que generan los conflictos *intra* y *extra* eclesiales. No solo sobre las heridas de quienes luchan a mi lado, de quienes piensan o creen como yo. Porque también mi «enemigo» tiene derecho a ser tratado, cuidado con amor.

Creo que este es un aspecto imprescindible del proceso sinodal.

Los textos recogidos en este volumen nacen del encuentro del 5 de febrero de 2024 entre el Papa, el Consejo de cardenales (C9) y tres teólogas, dos de ellas católicas y una anglicana, durante el cual se procuró que se encontraran, en el respeto, sus diferentes visiones en relación al tema que da título a este libro: *Mujeres y ministerios en la Iglesia sinodal*. Para ofrecer al lector la dinámica dialógica del evento, el volumen se ha estructurado en dos partes: en la primera se recogen las contribuciones de las tres teólogas; en la segunda, la «respuesta» de dos cardenales que asistieron al encuentro.

El primer artículo, firmado por quien esto escribe, tiene un carácter introductorio respecto al tema y presenta, por un lado, sintéticamente, el estado del debate respecto a la toma de postura del Magisterio en lo referente a la exclusión de las mujeres del ministerio ordenado; por otro lado, presenta la necesidad de abordar juntos la cuestión de la naturaleza del ministerio ordenado y la cuestión de la posibilidad de establecer otros ministerios accesibles a las mujeres. El segundo artículo, firmado por la obispa anglicana Jo B. Wells, presenta el camino que han recorrido la Iglesia de Inglaterra y la Comunión anglicana para llegar a la ordenación diaconal, presbiteral y episcopal de las mujeres.

En el tercer artículo, Giuliva Di Berardino, liturgista, consagrada en el *Ordo virginum,* reflexiona sobre la conveniencia del acceso de las mujeres en la Iglesia católica al diaconado y a otros ministerios posibles a partir de un rápido *excursus* histórico sobre la ministerialidad masculina y femenina en la tradición, dejando patente la necesidad de que en la Iglesia Cuerpo de Cristo haya una pluralidad de ministerios y que el trabajo pastoral que llevan a cabo las mujeres –laicas y consagradas– y los hombres se reconozca debidamente, por el bien de toda la comunidad eclesial.

Los cardenales que aceptaron compartir por escrito sus observaciones, presentadas en la segunda parte de este volumen, son el arzobispo de Boston Seán P. O'Malley y el arzobispo de Luxemburgo Jean-Claude Hollerich. Ambos afirman la necesidad de encontrar fórmulas que fomenten una mayor participación y reconocimiento de las mujeres en las comunidades eclesiales y, al mismo tiempo, manifiestan su desconcierto en lo referente a la cuestión de la ordenación de las mujeres: el primero de manera más firme; el segundo de manera más circunstancial. Pero al lector no se le escapará la evidente tensión que existe entre los artículos de la primera parte y los de la segunda. Precisamente esta tensión, esta pacífica convivencia dentro del mismo libro de posturas diferentes, por no decir opuestas, respecto a la cuestión de las mujeres y los ministerios, constituye, probablemente, la verdadera novedad del proceso emprendido por Francisco invitando a las mujeres a iluminar con sus propias reflexiones la sesión del C9 y refleja su deseo de que en la Iglesia sinodal todos y cada uno puedan expresar sus convicciones sin miedo de entrar en conflicto con los demás.

Sostener el conflicto dentro de una comunidad sin romper la comunión es realmente una señal de madurez humana y de capacidad de auténtico diálogo. Precisamente con esta finalidad me permito reanudar de nuevo el diálogo respondiendo a las preocupaciones manifestadas por los cardenales con dos preguntas que dejo para la reflexión del lector de este libro: ¿En qué sentido la estructura sacramental de la Iglesia está garantizada por el hecho de reservar el ministerio ordenado exclusivamente a los hombres? ¿Significa que la sacramentalidad de la Iglesia, o su condición de signo visible y tangible del amor invisible de Dios y de su presencia misteriosa pero real en el mundo, se rige según las características biológicas de sus ministros? Y, además, ¿cómo podríamos evaluar la convergencia de las comunidades eclesiales sobre, por ejemplo, la ordenación diaconal de las mujeres, mientras no se dé a todos los creyentes la oportunidad de expresarse libremente al respecto?

En los días inmediatamente posteriores al encuentro con el Papa y el C9, la prensa difundió una información que no era en absoluto correcta, por no decir que era tendenciosa. Algunos medios de comunicación optaron por la estrategia de títulos sensacionalistas, sabiendo que podían sacar provecho de la fuerte polarización que acompaña siempre a la cuestión de mujeres y ministerios. Este pequeño volumen, en su simplicidad, es, por el contrario, un ensayo sobre el hecho de que es posible dialogar de manera abierta y civilizada, sin miedo a tomar o imponer decisiones, sabiendo que el tiempo es superior al espacio y que el futuro está en las manos de Dios.

Roma, 25 de marzo de 2024

PONENCIAS

ENTRE MIEDO Y DESEO. ORDENACIÓN DE LAS MUJERES Y DISCERNIMIENTO SINODAL

Linda Pocher FMA

En el marco del Sínodo

El Sínodo «no es un parlamento, sino algo distinto»[2], afirmaba con fuerza Francisco al inaugurar, en octubre de 2023, la XVI Asamblea general ordinaria del Sínodo de obispos. El Sínodo –como había dicho ya en el discurso introductorio del Sínodo para la Familia de 2015– es, por el contrario,

> una expresión eclesial, es decir, es la Iglesia que camina unida para leer la realidad con los ojos de la fe y con el corazón de Dios; es la Iglesia que se interroga sobre la fidelidad al depósito de la fe, que para ella no representa un museo al que mirar ni tampoco solo que salvaguardar, sino que es una fuente viva de la cual la Iglesia se sacia, para saciar e iluminar *el depósito de la vida*[3].

---

2 FRANCISCO, Discurso en la Apertura de la XVI Asamblea general ordinaria del Sínodo de los Obispos «Por una Iglesia sinodal: comunión, participación y misión», 4 de octubre de 2023, en: https://www.vatican.va/content/francesco/es/speeches/2023/october/documents/20231004-apertura-sinodo.html.

3 ID, Introducción al Sínodo de la Familia, 5 de octubre de 2015, en https://www.vatican.va/content/francesco/es/speeches/2015/october/documents/papa-francesco_20151005_padri-sinodali.html.

En otras palabras, se trata de un camino de discernimiento comunitario y espiritual que, como tal, exige ciertas condiciones fundamentales que lo hagan posible. Una de estas condiciones consiste en ser suficientemente libres frente a lo que estamos llamados a discernir. No cabe duda de que el miedo, en sus diferentes formas, es uno de los obstáculos para el discernimiento[4]. Sin embargo, el miedo pertenece a nuestra experiencia y no es posible eliminarlo, y menos aún ignorarlo. Lo que debemos hacer es, más bien, mirar de frente nuestros propios miedos y convertir, así, el obstáculo en una oportunidad: porque el miedo revela siempre algo de nuestro corazón, de nuestro modo de ver el mundo y de estar en el mundo. A veces puede revelar las preocupaciones que sentimos por nosotros mismos, por nuestros seres queridos, por el Reino. En cambio, otras veces puede revelar nuestra dureza de corazón y nuestra necesidad de conversión[5].

En el evangelio de Marcos, tras la segunda multiplicación de los panes, vemos a Jesús alentar a sus discípulos a enfrentarse a sus miedos cuando los invita a echarse a la mar por la noche mientras él se detiene a

---

4 Cf. Antonio Barruffo, *Discernimiento,* en Stefano De Fiores - Tullio Goffi (dirs.), *Nuevo Diccionario de Espiritualidad,* San Pablo, Madrid 1983, pp. 368-376; Aristide Fumagalli (dir.), *Teologia del discernimento. Fondamenti e configurazioni,* Àncora, Milán 2019.

5 Cf. Papa Francisco – Salvador Noè, *El miedo como don. Descubre cómo afrontar la ansiedad y potenciar la alegría de vivir,* San Pablo, Madrid 2023.

orar. Bien avanzada la noche, se les acerca caminando sobre el agua porque se da cuenta de que están fatigados, pues iban con el viento en contra, pero los discípulos le confunden con un fantasma. Cuando Jesús sube con ellos a la barca y el viento, de repente, se calma, el cronista comenta que «los discípulos no salían de su asombro, pues no habían entendido lo de los panes y sus mentes estaban embotadas» (Mc 6,52).

La cuestión *mujeres y ministerios* es un argumento extremadamente delicado en la Iglesia católica. En parte porque es casi imposible hablar de ministerios sin hacer referencia directa o indirectamente al ministerio sacerdotal, con todo lo que esto implica, o a la incesante solicitud por parte de individuos y de grupos, a partir del Concilio, de que se abra esta posibilidad a las mujeres y la igualmente firme respuesta del Magisterio: «No se puede hacer»[6].

---

6 En la edad moderna, puede observarse que ya en el siglo XIX hubo una persistente reivindicación del acceso de las mujeres al sacerdocio ordenado, cuando se desarrolló en Francia la devoción a la *Virgo Sacerdos* en el seno de algunas congregaciones femeninas, que fue prohibida definitivamente por el Santo Oficio en 1913 al considerar que cuestionaba «el correcto orden de las relaciones entre los sexos en la Iglesia y parecía abrir una especie de vía femenina al sacerdocio» (LIVIANA GAZZETTA, *Virgo et Sacerdos. Idee di sacerdozio femminile tra Ottocento e Novecento*, Edizioni di Storia e Letteratura, Roma 2020, p. 38; cf. también CLAUDE LANGLOIS, *Le désir de sacerdoce chez Thérèse de Lisieux*, Salvator, París 2002). Durante el Concilio Vaticano II el arzobispo de Atlanta Paul J. Hallinan propuso hacer partícipes principalmente a las mujeres en la vida de la Iglesia admitiendo también religiosas en los dicasterios romanos y haciendo también extensivo a las mujeres el ministerio del lectorado, del acolitado y del diaconado (cf SERENA NOCETI, *Donne e Vaticano II: I documenti*, en

Es fácil, por tanto, dejarse invadir por el miedo: miedo a escuchar, por un lado; miedo a no ser escuchados, por otro. Pero precisamente porque el miedo impide el discernimiento, es importante mirarlo de frente y abordar abiertamente la cuestión también en los aspectos que podrían ser perturbadores, dejando así que «se manifiesten los espíritus»[7] y siendo capaces de discernir lo

Cristina Simonelli – Matteo Ferrari [eds.], *Una Chiesa di donne e di uomini,* Edizioni Camaldoli 2015, pp. 89-104: 96-97; puede descargarse el texto completo en https://bit.ly/3tcVg1T); puede verse, de la misma autora, *«Nel senso di una profezia e di una promessa». La riflessione sul ministero ordinato alle donne,* en Marinella Perroni - Alberto Melloni - Serena Noceti (eds.), *«Tantum aurora est». Donne e Concilio Vaticano II,* Lit, Münster 2012, pp. 317-331. En 1964, la publicación en Suiza de la obra *Wir Schweigen Nicht Länger! Frauen Äussern sich zum II. Vatikanischen Konzil,* editada por Gertrud Heinzelmann, supuso la primera solicitud de acceso a la ordenación por parte de las mujeres defendida desde el punto de vista bíblico, histórico y dogmático. En 1971, en nombre del episcopado canadiense, el cardenal George Bernard Flahiff «propuso evaluar la hipótesis de mujeres diáconos e incluso sacerdotes, y pidió a la institución una comisión de estudio» (Luca Castiglioni, *Figlie e figli di Dio. Uguaglianza battesimale e differenza sessuale,* Queriniana, Brescia 2023, p. 210). Entre tanto, Pablo VI había establecido la figura del diácono permanente, solo de sexo masculino, y, en 1972, los ministerios de lector y acólito, que podían «encomendarse también a los laicos», pero de los que se excluía explícitamente a las mujeres. En 1976, la Congregación para la Doctrina de la Fe publicó la declaración *Inter insigniores,* que fue la primera toma de postura concreta sobre la cuestión de la ordenación de mujeres, que afirmaba que la Iglesia «no se considera autorizada a admitir mujeres a la ordenación sacerdotal». Esta doctrina fue reiterada en varias ocasiones por Juan Pablo II: en 1988, con la carta apostólica *Mulieris dignitatem;* en 1994, con *Ordinatio sacerdotalis;* en 1998, con *Ad tuendam fidem,* que también imponía a los teólogos el deber de observar esta doctrina, bajo pena de sanciones canónicas.

7 Esta expresión pertenece a la tradición ignaciana e indica la necesidad de reconocer, a partir de sus frutos de consuelo o desconsuelo, los diferentes «espíritus» o movimientos interiores –deseos, emociones, sentimientos– que agitan el corazón de las personas que participan en el discernimiento y que pueden estar inspirados por el espíritu bueno o el espíritu malo.

que verdaderamente viene de Dios y lo que deriva de nuestros corazones endurecidos.

¿Una cuestión zanjada para siempre?

Personalmente puedo decir que crecí en un ambiente eclesial en el que respiré un gran respeto por la enseñanza de la Iglesia en lo referente a la reserva exclusiva del sacerdocio ordenado a los hombres. En los años noventa yo era una adolescente y me formé como religiosa y como teóloga a comienzos de los años dos mil, es decir, en la época en que Juan Pablo II no solo había reiterado la exclusión de las mujeres de la ordenación, sino que también había prohibido el diálogo público sobre la cuestión. Además, yo nunca he sentido personalmente el deseo de acceder al sacerdocio ordenado, ni de querer hacer lo que está reservado al ministro ordenado. Por tanto, en mis estudios no he dedicado nunca una atención especial a este tema. Hasta el año 2022, cuando el papa Francisco me pidió que ofreciera una primera conferencia sobre el «principio mariano» y la presencia y función de las mujeres en la Iglesia. Fue en ese momento cuando, aplicándome de manera sistemática por primera vez al estudio de los documentos, me di cuenta de que, principalmente, no era posible separar el éxito del «principio mariano» de la perentoriedad con la que se había rechazado la petición de las mujeres de poder acceder al ministerio ordenado. Porque el «principio mariano», tal como lo utiliza Juan Pablo II en *Mulieris dignitatem,* es también la respuesta a esa petición. En segundo lugar, tomando en consideración una por una las razones teológicas que se esgrimen en defensa de la reserva de la ordenación a los varones, me percaté de que se trata de razones frágiles, tan frágiles que llevaron al Papa y a la Congregación para la Doctrina de la Fe a una serie de pronunciamientos que se sustentaban sobre todo en la autoridad del sucesor de Pedro, con la esperanza de que «nada quita que, en el futuro la conciencia de la Iglesia pueda progresar hasta el punto de definir que esta doctrina se crea divinamente revelada»[8]. Por tanto, mientras se alude a los argumentos decisivos, que faltaban y faltan, como resultado futuro de una teología que todavía está por escribirse, «se quiere zanjar todo debate como consecuencia de lo que el pasado dio como verdadero y que el presente solo puede apoyar como obediencia a una orden»[9].

Sin embargo, como enseña santo Tomás, «si el maestro decide la cuestión por meras autoridades, sabrá, sí, con certeza el oyente que es verdad lo que se le propone, pero no adquirirá conocimiento científico o inteligencia

---

8 Congregación para la Doctrina de la Fe, *Nota doctrinal ilustrativa de la fórmula conclusiva de la Profesión de Fe,* 28 de junio de 1998, n. 11, en: https://www.vatican.va/roman_curia/congregations/cfaith/documents/rc_con_cfaith_doc_1998_professiofidei_sp.html#-Nota_doctrinal_ilustrativa.

9 Andrea Grillo, *L'accesso delle donne al ministero ordinato. Il diaconato femminile come problema sistematico,* San Paolo, Cinisello Balsamo (Milán) 2024, p. 50.

alguna, sino que saldrá vacío»[10]. En realidad, la toma de postura de Juan Pablo II no parece haber generado la esperada maduración en la comprensión del tema –los teólogos que comparten su postura tienden a repetir los mismos argumentos– y no ha hecho tampoco callar a quienes se oponen a ella, pues las publicaciones y reivindicaciones respecto a la ordenación de las mujeres no han disminuido.

Por lo que respecta a la motivación bíblica, resulta difícil –y es decididamente anacrónico– hacer coincidir la llamada de los Doce con la institución del orden sacerdotal o episcopal tal como los entendemos hoy. Ante todo, porque la figura del sacerdote común, según su forma actual, no existía en la Iglesia primitiva antes del siglo IV[11]. Por otro lado, la Pontificia Comisión Bíblica se manifestó ya en 1976 sobre la cuestión de la ordenación de las mujeres, afirmando «que el Nuevo Testamento por sí solo no permite zanjar la cuestión»[12]. En lo referente a las razones teológicas, por otro lado,

---

10 Tomás de Aquino, *Quodlibet* IV, q.9, a.3, en *Biografía, obras, autoridad doctrinal,* BAC, Madrid 1975, p. 146.

11 Cf Martin Ebner, *La Chiesa ha bisogno di sacerdoti? Un accertamento a partire dal Nuovo Testamento*, Queriniana, Brescia 2023, pp. 29-33.

12 Luca Castiglioni, *Figlie e figli di Dio. Uguaglianza battesimale e differenza sessuale*, p. 210. El documento de trabajo de la Comisión no fue editado de manera oficial por la Santa Sede, pero se publicó en inglés en el apéndice de Leonard J. Widler – Arlene Swidler (eds.), *Women Priests. A Catholic Commentary on the Vatican Declaration*, Paulist Press, New York-Ramsey-Toronto 1977, pp. 338-346; puede verse la traducción del texto al italiano en *Il Regno-Attualità* 4 (2015), pp. 245-249 (https://bit.ly/3J0bXBU).

la razón tradicional, bien representada en el magisterio de Tomás sobre la cuestión, se fundamentaba en la idea, generalmente aceptada hasta el siglo XIX, de que la mujer era por naturaleza incapaz de desempeñar cargos en la esfera pública de la sociedad, algo que se basaba en una interpretación del segundo capítulo del Génesis fuertemente condicionada por la antropología aristotélica. Pero en el siglo XX, gracias al desarrollo y a las alegaciones del movimiento feminista, las mujeres comenzaron a ocupar espacios y a ejercer funciones que antes les habían estado vedados, y demostraron así su capacidad de trabajo en la esfera pública de la sociedad en igualdad con los hombres. Juan XXIII, en la encíclica *Pacem in terris*, reconoce en esta novedad un signo de los tiempos, es decir, un resultado de la acción del Espíritu en la historia. El argumento tradicional fue haciéndose poco a poco inaceptable para la sensibilidad general. Y a partir de esta nueva sensibilidad, la razón de la igualdad biológica y de género entre Cristo y el ministro que le representa adquirió un papel determinante para defender la reserva de la ordenación exclusivamente a los varones[13].

Asimismo, me gustaría recordar la costumbre de denigrar a las mujeres que aspiran al ministerio ordenado presentándolas como cazafortunas o sedientas de poder.

---

13 ANDREA GRILLO, *L'accesso delle donne al ministero ordinato, o.c.*, pp. 32-34.

Como si entre las mujeres el deseo de la ordenación no pudiera ser sinónimo de generosa disposición para servir a Dios y su Reino. Y como si los varones que se postulan para la ordenación fuesen inmunes a la tentación de vivir el ministerio como poder. Si esto fuera cierto, el fenómeno del clericalismo, que tanto preocupa al papa Francisco, sencillamente no existiría. Me gustaría citar, a modo de ejemplo, la leyenda de la papisa Juana, situada en el siglo IX, que se difundió en Francia durante el periodo del papado de Aviñón. Al afirmar que esta mujer, ávida de poder y carente de escrúpulos, se disfrazó de hombre y consiguió llegar a ocupar el solio pontificio, se quería desacreditar a la Sede romana. Lo que puso fin a su carrera en el gobierno de la Iglesia fue un embarazo, que ella trató de esconder inútilmente: porque los dolores del parto la sorprendieron precisamente durante una procesión solemne. La papisa dio a luz delante de todo el pueblo, y fue humillada públicamente[14]. El desprecio hacia esta mujer imaginaria se convirtió, con el tiempo, en una poderosa advertencia contra toda mujer que pretendiese ocupar puestos relevantes reservados a los hombres. Pero la historia, la que ocurrió de verdad, habla de personalidades masculinas –como Alejandro VI, por citar solo a uno– que superaron con mucho a Juana en desenfreno, abusos, violencia y codicia. Lo que quiero decir es que en el

---

14 Cf ALAIN BOUREAU, *La papisa Juana: la mujer que fue papa*, Edaf, Madrid 1989.

corazón de hombres y de mujeres pueden morar la sed de poder y la corrupción moral, pero también el deseo de servir a Dios[15].

Si el argumento bíblico y el argumento teológico son débiles, ni siquiera el argumento de la autoridad puede ser realmente un elemento sólido si se observa la historia del magisterio de la Iglesia. Porque ya ha sucedido que un pontífice ha llevado la contraria a una toma de postura de algún predecesor sobre una enseñanza concreta por una comprensión diferente de la realidad[16].

Tenemos un ejemplo reciente en el documento de Pío XII *Sacra virginitas,* de 1954, en el que el Papa quiso definir como verdad revelada la superioridad de la virginidad y del celibato sobre el estado del matrimonio. Treinta años después, Juan Pablo II, en la Audiencia general del 14 de abril de 1982, afirmaba que no había motivo para considerar que el matrimonio fuera inferior a la virginidad y al celibato, pues ambos estados de vida encuentran perfecto cumplimiento en la plenitud de la entrega de uno mismo en el amor. Esta enseñanza fue posteriormente retomada y confirmada por Francisco en *Amoris laetitia* 159-160[17].

---

15 Cf Luca Castiglioni, *Figlie e figli di Dio, o.c.,* p. 556.

16 En general, sobre el desarrollo de la doctrina, cf Michael Seewald, *El dogma en evolución. Cómo se desarrollan las doctrinas de fe,* Sal Terrae, Santander 2020.

17 Cf Jerónimo Trigo, «Doutrinas definitivas? Os exemplos do matrimónio e do celibato», en *Brotéria,* 197 (2023), pp. 158-171.

Con todo esto no pretendo afirmar que deba eliminarse absolutamente el acceso exclusivo del varón al ministerio ordenado. Lo que quiero decir es que las razones que sustentan esa exclusividad (la reserva masculina) son débiles y que es importante reconocerlo y ser conscientes de ello.

Un punto no a la orden del día

Sin embargo, la ordenación presbiteral de las mujeres no se incluyó entre las cuestiones que iban a tratarse en el Sínodo. Entonces, ¿por qué partir de aquí? ¿Por qué no hablar de otros ministerios que sí son posibles para las mujeres en la Iglesia católica?

En primer lugar, porque la experiencia enseña, y el Sínodo lo confirma, que si la Iglesia es un cuerpo vivo no es posible intervenir en uno de sus miembros sin que el organismo entero se vea afectado. Durante muchos siglos, en la Iglesia católica el único ministerio posible fue el ministerio ordenado. Los demás ministerios se consideraban como preparatorios para él. Y precisamente por eso, sobre todos los ministerios ha gravitado la reserva masculina hasta hace muy pocos años. Esta relación general entre ministerio y ministerios, entre las cuestiones femeninas y el *status* de los ministros ordenados (presbíteros y obispos), se ha visto confirmada por el desarrollo del diálogo sinodal: si nos fijamos en el documento final de la primera sesión, las disidencias más marcadas se registraron en las votaciones de los párrafos dedicados a las mujeres y en los que hacían referencia al ministerio sacerdotal y episcopal. Las iniciativas del Papa para hacer accesibles los ministerios instituidos a las mujeres y para reflexionar sobre la posibilidad de ordenaciones diaconales femeninas amenazan inevitablemente el *statu quo* de los ministros ordenados. Ministerio y ministros se consideran como un único tema. De ahí la continua oposición a una posible apertura. Precisamente por eso creo que es importante que abordemos juntos, en la medida de lo posible, la cuestión de la reserva del ministerio ordenado a los varones y la posibilidad de pensar y establecer otros ministerios que estén abiertos también a las mujeres.

La publicación de *Inter insigniores,* el primer documento mediante el cual la Santa Sede quiso definir la imposibilidad permanente de la ordenación femenina, fue seguida, un año después, por la apertura de la ordenación de mujeres en la Iglesia anglicana y en la Comunión anglicana (1975-1976). Creo que esta coincidencia fue providencial: cuarenta años después de la firme decisión católica de excluir a las mujeres del ministerio ordenado, podemos ver qué ha cambiado, qué frutos y qué dificultades han dado lugar a la opción tomada por otra Iglesia de dar a las mujeres esta posibilidad. Por ello he invitado a la obispa Jo B. Wells a compartir con nosotros la experiencia de su Iglesia: porque creo que escuchar una experiencia diferente puede ayudarnos a abandonar algunos miedos y prejuicios y a confirmar los beneficios de nuestras posturas y puntos de vista.

Sin embargo, la cuestión de la ordenación presbiteral de las mujeres no pertenece al orden del día del Sínodo. Y por eso la segunda intervención se centra en la necesidad y la posibilidad de pensar y establecer otros ministerios que estén abiertos también a las mujeres, con pleno respeto al actual magisterio de la Iglesia católica. Pero el punto de partida solo puede ser la eucaristía en particular y la liturgia en general, si queremos tener como verdadero lo que afirma el Concilio Vaticano II en el número 11 de la Constitución dogmática sobre la Iglesia *Lumen gentium,* es decir, que la eucaristía es el origen y la culminación de la vida cristiana. *Lex orandi lex credendi,* reza el antiguo dicho: ¿cómo podría la forma actual de la celebración eucarística, totalmente dependiente de la acción del sacerdote ordenado, representar y educar a la Iglesia sinodal? Es necesario reflexionar sobre otras formas de ministerialidad a partir de la celebración eucarística, origen de todo ministerio y de toda ministerialidad, y no en contraposición o yuxtaposición al ministerio del altar.

El ministerio, por su naturaleza, no puede separarse de la autoridad. Porque el servicio, como toda acción de cuidado, implica de por sí una dimensión de poder y autoridad[18]. Pero la autoridad no es una realidad negativa en sí misma. Es la posibilidad de llevar a cabo la propia libertad en la relación con el resto de la creación, ya que esta es don de Dios. Solo a partir de dicho reconocimiento y de una efectiva evaluación de las diferencias, el servicio al cuerpo único de Cristo no será solo ejercicio de autoridad, sino también anticipación del Reino.

---

18 Cf Luigina Mortari, *Cura e attenzione all'altro nella relazione educativa*, en Simonetta Ulivieri – Luigino Binanti – Salvatore Colazzo – Marco Piccinno (eds.), *Scuola Democrazia Educazione. Formazione ad una nuova società della conoscenza e della solidarietà*, Pensa Multimedia, Lecce 2018, pp. 61-72.

LA EXPERIENCIA DE LA ORDENACIÓN DE LAS MUJERES ENTRE LOS ANGLICANOS

Jo B. Wells

Me siento muy honrada por la invitación a compartir parte del camino recorrido en relación con la ordenación de mujeres en la Comunión anglicana. Ofrezco aquí una perspectiva personal, y comparto algunas experiencias del camino de la Iglesia de Inglaterra y algunos atisbos en la historia más amplia de nuestra Comunión global. Aunque reconozco que los lectores tendrán diferentes ideas y convicciones –esto también es así entre los anglicanos de hoy–, incluyo algunas de las conclusiones históricas y teológicas que jalonan el viaje, junto con una visión general del proceso de toma de decisiones y sus implicaciones para el anglicanismo actual y para el mundo en nuestro esfuerzo por abrazar su diversidad.

Perspectiva personal

Soy presbítera desde hace casi 30 años, y obispa desde hace ocho. Me crie en la Iglesia de Inglaterra, pero comencé a entender de verdad lo que significaba ser anglicana durante algunos períodos de mi adolescencia y los primeros años de mi juventud, que dediqué a servir en distintas partes del mundo: Sudáfrica, Uganda, Estados Unidos y Haití. Como sacerdote, he vivido y trabajado desde entonces, durante varios periodos, en cuatro provincias de la Comunidad anglicana en tres continentes distintos. Como obispa he servido en una diócesis de la Iglesia de Inglaterra –Guildford–, pero ahora mi función es ayudar a todos los obispos de la Comunión: proporcionar seguimiento a la reciente Conferencia de Lambeth (celebrada en 2022), dotando a los obispos de recursos para su liderazgo y fomentando la comunión mutua en las diferencias culturales, económicas y políticas presentes en nuestro mundo. Somos en total unos 900 obispos. Aproximadamente uno de cada ocho son mujeres. Es extraordinario tener el privilegio de desempeñar esta función, que está en gran medida unida a la comunicación, la relación y la confianza.

He servido y vivido durante una época de transformación radical en el ministerio de las mujeres en la Iglesia de Inglaterra. Me sorprendo cuando miro hacia atrás y me doy cuenta de que alcancé mis primeros años de la edad adulta –mientras discernía la voluntad de Dios para mi vida– precisamente en el momento en que se abrían las puertas para la ordenación de las mujeres. Cuando tenía unos veinte años tan solo quería poner toda mi vida al servicio de Dios, con la capacidad y en el contexto que se me presentara. Imaginaba que dicho servicio podría conllevar lo que se denominaba «trabajo misionero», quizá en África Oriental. Animada por el sacerdote de mi parroquia, empecé el seminario en 1990 junto a hombres que se preparaban para el sacerdocio, con el fin de estudiar teología con una actitud abierta a «lo que pudiera pasar» en relación con el sacramento de la ordenación y el futuro ministerio. En aquel momento, el diaconado estaba abierto a las mujeres en la Iglesia de Inglaterra, y cada vez cobraba más fuerza el debate en la Iglesia sobre la posibilidad de que hubiera mujeres sacerdotes.

El seminario es un lugar para el estudio y la reflexión, para el diálogo y el debate. De los numerosos temas sobre los que se debatía vivamente, la ordenación de mujeres era el tema que parecía haber llegado a todas las materias de estudio: Antiguo y Nuevo Testamento, hermenéutica bíblica, teología y sacramentalidad, culto y liturgia, filosofía y ética, y psicología y sociología. En 1992, ante la proximidad del Sínodo General bienal de la Iglesia de Inglaterra que iba a deliberar sobre la ordenación de mujeres, nos preparamos juntos en oración, poniendo a prueba nuestra capacidad pastoral para ser receptivos, generosos y conciliadores y superando las grandes diferencias de opinión. El día en cuestión nos eximieron de las clases y durante seis horas lo vimos en directo por televisión, todos apretujados en la amplia sala común. El debate fue amplio, profundo y extenso: lo vieron muchas personas, incluso personas que no pertenecían a la Iglesia. Se aprobó por un margen de solo dos votos en la cámara de laicos, pero en las tres cámaras (obispos, clero y laicos) la mayoría fue amplia: un 69%. La legislación incluía una disposición especial para aquellos cuya conciencia no les permitiera apoyar la decisión.

Pasó más de un año (tras la aprobación en el Parlamento) antes de que se llevaran a cabo las primeras ordenaciones de mujeres en las 44 diócesis de la Iglesia de Inglaterra en 1994. Las catedrales se abarrotaron de gente mientras recibían la ordenación numerosos grupos de mujeres, muchas de las cuales ya tenían experiencia en el ministerio como diáconos (y previamente como diaconisas). Había obispos celebrantes, pero hubo también obispos ausentes. La mayor preocupación de algunos de los más conservadores –aquellos del lado más evangélico del espíritu– era la prohibición de san Pablo de que las mujeres desempeñaran puestos de liderazgo. La preocupación de otros –de tendencia más católica– era el género masculino de Cristo y los primeros apóstoles. Yo estaba decidida a mantener mi amistad y respeto hacia ambos lados del conjunto, hasta donde ellos quisieran.

Sentí el inmenso privilegio de vivir en un momento de la historia en que no solo se me abría la puerta para convertirme en sacerdote, sino en el que podía ser ordenada sacerdote después de un año como diácono según el procedimiento «normal». Aquellos primeros años no fueron fáciles y, aun así, en mi experiencia, el ánimo por parte de quienes apoyaban el cambio superaba en mucho la oposición de quienes se resistían a él. Y he de mostrar mi reconocimiento por los importantes momentos de ánimo por parte de hermanos y hermanas católicos romanos que –discretamente, pero con gran firmeza– aplaudieron con alegría este cambio de ministerio en la Iglesia de Inglaterra. En particular, me acogieron calurosamente en el Ushaw College de Durham, un seminario católico residencial situado a un par de kilómetros de mi propio colegio teológico de Cranmer Hall, donde solíamos disfrutar de un «intercambio» anual de ordenandos. Pero las circunstancias eran seguramente más difíciles para quien se sintió sin ninguna posibilidad de apelación una vez realizado el cambio: algunos clérigos y parroquias abandonaron la Iglesia de Inglaterra, y muchos de ellos se unieron a la Iglesia católica, aunque el número de los que se marcharon fue muy inferior al que había amenazado con hacerlo.

Recorrido histórico

La idea del sacerdocio femenino comenzó a debatirse en la década de 1920. Tras un largo debate, en 1975 el Sínodo General –el organismo principal de toma de decisiones de la Iglesia de Inglaterra– aprobó una moción emblemática que afirmaba que «no existen objeciones fundamentales para la ordenación de mujeres al sacerdocio». Aunque seguían existiendo barreras legales y una serie de preocupaciones ecuménicas, eclesiales e incluso teológicas –y además no había plan de acción–, esto marcó la orientación del cambio[19]. Abrió la puerta para una inversión educativa y pastoral mayor para preparar a las mujeres para el ministerio. Suscitó un diálogo y un debate cada vez mayores sobre la cuestión desde el punto de vista teológico (aunque, en retrospectiva, parece que se dejó, de manera demasiado precipitada, en manos de los protagonistas más estridentes de ambos extremos)[20]. El compromiso reflejó el creciente reconocimiento del valor del ministerio femenino, un reconocimiento que se remontaba a más de 100 años atrás, con la fundación de la Comunidad de Diaconisas de San Andrés en 1861[21]. Esta fue una de las numerosas comunidades religiosas anglicanas que se fundaron en época victoriana, pero esta en particular se distinguía por una doble vocación articulada a

---

19 El Sínodo no decidió un plan de acción, pero acordó que «la Cámara de Obispos, cuando a la luz de los acontecimientos en la Comunión Anglicana en general, así como en este país, juzguen que ha llegado el momento de actuar, presenten ante el Sínodo una propuesta para admitir a las mujeres al sacerdocio».

20 Colin Craston, «The Case for the Ordination of Women: Reasons for acting now», en *Churchman* 92/4 (1978), p. 297.

21. «"The Deaconess Community of St Andrew" by Sr Joanna Dss CSA», en *Journal of Ecclesiastical History* 12:2 (octubre de 1961), pp. 215-230.

través de la innovadora colaboración de Elizabeth Ferard y el obispo de Londres, donde los miembros de pleno derecho de la comunidad eran tanto religiosas profesas como diaconisas ordenadas[22].

A lo largo de los 2.000 años de la historia de la Iglesia ha habido muchas ocasiones en que circunstancias in extremis han dado lugar a la creación especial de acuerdos y designaciones excepcionales en momentos excepcionales. En la historia de la Iglesia anglicana rendimos homenaje a una mujer china, Florence Li Tim Oi, que, siendo diaconisa, se vio dirigiendo una congregación eclesial formada por refugiados chinos en la colonia portuguesa de Macao durante la Segunda Guerra Mundial. En un momento en que ningún sacerdote podía seguir viajando desde el territorio japonés ocupado para presidir con regularidad la Eucaristía, el obispo de Hong Kong le dio autorización para que ella misma administrara el sacramento, y en una carta dirigida al Arzobispo de Canterbury en 1943 anticipó, por motivos puramente pragmáticos, su intención de ordenarla sacerdote[23]. En 1944, a pesar del

---

22 Aunque suele utilizarse el lenguaje de la ordenación para hablar sobre las diaconisas, estas se entendían como una orden laica, separada de la triple orden clerical de diácono-sacerdote-obispo y separada también (con el tiempo) de la vocación religiosa del celibato. Sobre ello puede verse, por ejemplo, la Resolución 49 de la Conferencia de Lambeth de 1920 y la Resolución 68 de la Conferencia de Lambeth de 1930.

23 En una carta fechada el 4 de junio de 1943, el obispo Hall escribió al arzobispo William Temple: «Con el fin de que una congregación de 150 personas pueda recibir los sacramentos, le he dado a ella permiso para celebrar la Cena del Señor. Si pudiera llegar físicamente a ella la

gran riesgo que suponía viajar, la convocó en Xing Xing, en la China libre, donde llevó a cabo su propósito[24]. Durante el resto de la guerra, sirvió como una mujer sacerdote de manera discreta, fiel y eficiente. Sin embargo, en 1946, para calmar la controversia que se había generado más tarde, renunció a ejercer como sacerdote y realizó diversas funciones laicas durante los 40 años posteriores, bajo las persecuciones de Mao, hasta que emigró, en la década de 1980, a Canadá donde, de nuevo fue llamada a ejercer como sacerdote, y pudo volver a cumplir su vocación sacerdotal[25]. La historia de Li Tim Oi es muy similar a la de la católica Ludmila Javorova, a quien el obispo Felix Davidek ordenó en secreto en la Iglesia clandestina de la Checoslovaquia ocupada por los soviéticos en 1970.

---

ordenaría sacerdote en lugar de limitarme a darle permiso, pues esto me parece más contrario a la tradición y sentido del ministro ordenado que ordenar a una mujer […] Confío en que en la próxima Conferencia de Lambeth haya una clara mayoría en favor de experimentos en provincias donde hay una acusada carencia de sacerdotes […] No soy un defensor de la ordenación de mujeres. Sin embargo, estoy decidido a que ningún prejuicio impida que las congregaciones a mi cargo reciban los sacramentos de la Iglesia» (citado en MAVIS ROSE, *Freedom From Sanctified Sexism – Women Transforming the Church*, Allira Publications, Queensland, Australia, 1996, pp. 129-149, en: https://womenpriests. org/ecumenism/rose-08-feminism-in-the-anglican-communion/).

24 Dos días después de la ordenación, el Obispo Hall escribió de nuevo al Arzobispo Temple afirmando que su motivación «no era la idea teórica de la igualdad entre hombres y mujeres, sino la necesidad del pueblo de recibir los sacramentos».

25 Cf HILARY RITCHIE, *Ludmila Javorova: For Such a Time as This* (26 de marzo de 2014), en: https://www.cbeinternational.org/resource/ ludmila-javorova-such-time/.

Hay quienes consideran que este tipo de historias pertenecen a la tradición de Ester, en cumplimiento de una vocación única y excepcional «para una circunstancia como esta» (Est 4,14), para un momento que pertenece ya al pasado. Hay otros que consideran que la excepción confirma la regla –o al menos ilustra la posibilidad– de que la alianza y el llamamiento de Dios a ser «un reino de sacerdotes, un pueblo santo» (Ex 19,6) sigan manifestándose de forma sorprendente en el pueblo de Dios. Se considera que estas historias amplían los horizontes de nuestra imaginación y el alcance de nuevas posibilidades, según el principio de Efesios 3,20, según el cual el poder de Dios actúa en nosotros «muchísimo más de lo que pedimos o pensamos».

Indudablemente, el creciente impulso de un papel más extenso de la mujer en la sociedad (sobre todo occidental) suscitó nuevas cuestiones y preguntas en relación con el ministerio de la mujer en la Iglesia. La Iglesia de Inglaterra se vio cada vez más obligada a hacer frente a la realidad de contar en su personal con un importante e impresionante grupo de mujeres solteras. En las sucesivas Conferencias de Lambeth de 1920 y 1930 se trataron aspectos concernientes a la participación de las mujeres en la vida de la Iglesia, con acalorados debates y una amplia gama de opiniones diferentes, síntoma de la relevancia del tema y de la implicación de toda la Comunión.

La Resolución 46 de la Conferencia de Lambeth de 1920 afirmaba que «las mujeres deberían ser admitidas en los Consejos de la Iglesia a los que son admitidos los hombres laicos». También se nombró una comisión para «considerar e informar sobre la posición de las mujeres en los consejos y el cuidado pastoral». Se reconoció que «la Iglesia no ha tratado a las mujeres trabajadoras con generosidad, ni siquiera con justicia», a pesar de que habían llevado a cabo «algunas de las mejores obras de la Iglesia [...] con singular paciencia y diligencia». La Conferencia admitía que había llegado una nueva era para las mujeres, algo que exigía nuevos planteamientos sobre la posición que ocupaban en la Iglesia y en la sociedad, reconociendo que «la educación de las mujeres ha avanzado de una forma que a nuestros padres les habría parecido increíble». Claro está, en la mayoría de los lugares del mundo han sido las Iglesias (de todas las denominaciones) las que han liderado el camino en el avance de la educación de mujeres y niñas.

Pero la posterior Conferencia de Lambeth de 1930 respondió con la Resolución 67: «El Orden de las Diaconisas es para las mujeres el único Orden del Ministerio que podemos recomendar para que nuestra rama de la Iglesia católica la reconozca y utilice»[26]. Sin

---

26 Pueden consultarse las resoluciones de todas las Conferencias de Lambeth en: https://www.anglicancommunion.org/resources/document -library.

embargo, la Conferencia de Lambeth de 1968 anuló esta resolución: se animó a que las Iglesias que todavía no ordenaban mujeres diáconos considerasen la posibilidad de realizar los cambios legales y litúrgicos necesarios para permitirles hacerlo, en lugar de admitirlas en una orden separada como diaconisas [27].

Cada provincia de la Comunión Anglicana tiene autonomía local para tomar sus decisiones, pero hay también una interdependencia entre las provincias de todo el mundo. Durante la década de 1970, hubo varias provincias que se comprometieron a la ordenación de mujeres, a pesar del desacuerdo o la incomodidad que esto provocaba en otras provincias. Gradualmente se ordenaron mujeres en Hong Kong, Canadá, Estados Unidos y Nueva Zelanda. Se convirtió en una cuestión relevante en la Conferencia de Lambeth de 1978.

La Resolución 21 contempla que se puede trabajar en la autonomía y la interdependencia para «la preservación de la unidad dentro y entre todas las Iglesias miembros de la Comunión Anglicana». Aquí encontramos en efecto lo que podría considerarse la marca distintiva del anglicanismo, en una combinación de vocación y necesidad. Se recomienda también el diálogo entre las Iglesias integrantes que ordenan mujeres y las que no lo hacen, «con el fin de estudiar formas en las que pueda hacerse un uso más completo de los

---

27 Resolución 32(c) de 1968; reiterada por la Resolución 20 en 1978.

dones de las mujeres dentro del ministerio total de la Iglesia en nuestra Comunión». También recomienda el diálogo con Iglesias fuera de la familia anglicana. Hay declaraciones que instan a la aceptación y el respeto entre provincias que manifiestan convicciones y prácticas distancias, y se aclara la autoridad sinodal y episcopal competente para permitir o negar a las mujeres anglicanas ordenadas el ejercicio del ministerio en las provincias donde no está prevista la ordenación. Por último, reconociendo la diversidad en una única fe y culto como parte de la herencia anglicana, y afirmando que las ordenaciones de mujeres se entienden dentro del ministerio tradicional de la Iglesia tal y como la Comunión Anglicana lo ha recibido, se espera que los diálogos llevarán a una mayor comprensión de la verdad de Dios «mientras todos juntos avanzamos hacia una catolicidad más plena y una comunión más profunda en el Espíritu Santo».

A decir verdad, la resolución finaliza con el compromiso de continuar debatiendo la ordenación de mujeres dentro de una consideración más amplia de los asuntos teológicos del ministerio y el sacerdocio.

Reflexión teológica

¿Por qué razones deberían ser ordenadas las mujeres? En este apartado trataré de resumir algunas de las diferentes líneas de investigación y debate que han surgido cuando las cuestiones planteadas han suscitado nuevos interrogantes sobre la Escritura y la tradición.

Al nivel más fundamental está el reconocimiento de que Dios creó juntos al hombre y a la mujer, como iguales, y les dio a la vez responsabilidad en el liderazgo. En Génesis 1,26, donde se menciona por primera vez a los seres humanos en la Biblia, Dios declara su propósito de crear a la humanidad a imagen de Dios. El término hebreo Adam describe a todos los seres humanos –en el sentido de «mortales»–, tal y como subraya el versículo 27: «macho y hembra los creó». Esto se confirma en Génesis 2, donde se crea a *Adam*, pero se le llama hombre (el término hebreo 'is) solo tras la creación de la mujer ('issa) a partir de la costilla de *Adam*. De manera que es como si la persona de *Adam* solo se reconociera en su masculinidad como contrapunto a la mujer que le da Dios. Las creencias tradicionales sobre el orden de la creación no están presentes en los relatos de la creación. Además, desde el comienzo, en el primer capítulo del Génesis, a la humanidad se le asigna un papel clave en los designios de Dios: tiene la responsabilidad de dirigir y gobernar. Este papel se confiere a los dos géneros juntos –en singular, la humanidad–, y esto excluye cualquier idea de que un género adquiera poder sobre el otro. Lo que importa es la «criatura» que reconoce al Creador y la «humanidad» que es imagen de Dios. La subordinación de la mujer al hombre únicamente se introduce como consecuencia de la caída (Génesis 3,15-16).

Uno de los grandes temas del Nuevo Testamento es la forma en que Cristo anula el impacto de la caída: «el que está en Cristo es una criatura nueva» (2Cor 5,17). Cristo ha formado, «en su propia persona, una nueva humanidad» (Ef 2,15). Quienes se oponen a la idea de que mujeres y hombres pueden servir equitativamente en la Iglesia ponen de relieve que aquí Pablo se está centrando ante todo en el bautismo, pero Pablo ve el bautismo como el origen de todo lo demás. «No hay judío ni griego, no hay esclavo ni libre, no hay hombre ni mujer» (Gal 3,28). Del mismo modo que la Iglesia primitiva tuvo que reconsiderar sus prácticas y supuestos ante los gentiles convertidos –y del mismo modo que el bautismo reformuló sus prácticas judías tradicionales (cf Hch 15)–, la ordenación de mujeres se considera como una consecuencia legítima, como el replanteamiento de los principios bíblicos cuando se abordan cuestiones contemporáneas. La historia del Concilio de Jerusalén en Hechos 15 demuestra que esta interpretación de las Escrituras basada en nuestra interacción con la cultura es, en sí misma, bíblica.

Nuestra Iglesia ha redescubierto que el ministerio brota del bautismo[28]. Sugerir lo contrario implicaría que

---

28 Tomemos, por ejemplo, en consideración, el documento de Lima del Consejo Mundial de Iglesias Bautismo, Eucaristía, Ministerio (Documento de Fe y Constitución n. 111 [1982]).

la relación del sacerdote ordenado con el sacerdocio de Cristo es diferente a la de cualquier otra persona bautizada; y que la relación de una mujer bautizada con el sacerdocio de Cristo es diferente a la de un hombre bautizado. Gregorio Nacianceno enseñó que «lo que no se ha asumido, no ha sido redimido»: que, para salvar y sanar a toda la humanidad, Cristo asumió una *humanidad,* no solo la condición masculina. Por lo tanto, de la misma manera que el bautismo pertenece al hombre y a la mujer, también puede (o incluso debe) pertenecer a ambos el sacerdocio y el episcopado. La ordenación de las mujeres representa en nuestro tiempo una revelación que siempre ha estado presente en la tradición. En la cultura dominante en tiempos bíblicos, muy diferente y dominada por los hombres, una revelación completa como esta no era posible. Lo mismo podría decirse de los últimos 2.000 años, aunque algunas mujeres notables han demostrado haber recibido la llamada: abadesas como Hilda de Whitby o Hildegarda de Bingen, y las religiosas de Essen y Quedlinburg que gobernaron sus territorios y solo respondían ante el Papa.

Es evidente que las mujeres ejercieron un importante ministerio en la Iglesia en la época del Nuevo Testamento. María la madre de Jesús fue la primera en recibir la buena noticia comunicada por el ángel (Lc 1,26-38). Hubo mujeres que acompañaron a Jesús en sus viajes por Galilea y que le apoyaron en su ministerio; aunque se nombran doce discípulos varones (en circunstancias en que esto no habría sido aceptable para las mujeres), se nos dice expresamente que «le acompañaban los Doce y algunas mujeres» (Lc 8,1-3). Las mujeres permanecieron con él a los pies de la cruz y fueron las primeras testigos de la resurrección (aunque su palabra no se consideraba digna de confianza). María Magdalena, la primera en encontrarse con el Resucitado, fue la «apóstol de los apóstoles» pues comunicó la buena nueva a los demás discípulos[29]. Las mujeres estuvieron presentes en las reuniones de la Iglesia primitiva tras la resurrección y el día de Pentecostés (Hch 1,14; 2,17).

En muchos relatos de la Iglesia primitiva se las llama por su nombre: Tabita (Hch 9,36); María, la madre de Juan llamado Marcos (Hch 12,12); Lidia, cuya casa se convirtió en la base de la Iglesia de Filipos (Hch 16,14), y Priscila (a quien a veces se llama Prisca), una de las compañeras y colaboradoras de Pablo. Quizá lo más notable de todo sea la lista de nombres del último capítulo de la carta a los Romanos, en el que Pablo enumera a algunas de las personas a las que envía sus saludos: en ella encontramos a Febe, a quien se presenta como hermana, *diakonos* y protectora, y a Junia, a quien se denomina apóstol (Rom 16,1-7). Poco se sabe de estas dos mujeres, y hay incluso quienes se cuestionan

---

29 Es santo Tomás de Aquino quien le confiere este título.

si Junia era un nombre de mujer. Pero el uso del término diácono *(diakonos)* es esencial aquí[30]. En un principio fue un término para designar a los servidores en el mundo grecorromano, pero enseguida pasó a ser un tecnicismo en la Iglesia primitiva para describir a un ministro (como, por ejemplo, cn Flp 1,1) aunque el modelo de liderazgo se desarrolló de diferentes formas según el lugar y no fueron regulados hasta el final del periodo del Nuevo Testamento. Es evidente que Febe desempeña una función específica para la que ha sido llamada y que se le ha encargado, algo que es probable que se derivara del papel desempeñado por los siete designados en Hechos 6, que no solo se encargaban de tareas en la comunidad, sino que además proclamaban el Evangelio. La lista de cualificaciones para esta función que se describen en 1Tim 3,8-11 se aplicaban tanto a hombres como a mujeres, y hay pruebas, aparte de la Escritura, de mujeres que, al igual que los hombres, desempeñaban esta función en la Iglesia primitiva. A lo largo de las diferentes tradiciones y provincias de la Comunión anglicana actual, rara vez se cuestiona el hecho de que las mujeres pueden ser ordenadas diáconos, es algo que ni siquiera cuestionan quienes se oponen a su ordenación como sacerdotes u obispos.

---

30 Hay que destacar que el mismo término *diakonos* se utiliza tanto para hombre como para mujer. No existe el término «diaconisa» en el Nuevo Testamento. Aunque parece una palabra masculina, es un término de la segunda declinación que puede ser tanto masculino como femenino.

Impulsada por una cuestión «candente», nuestra reflexión teológica sobre el tema de las mujeres en el ministerio ha sido instructiva y saludable para la Iglesia en su conjunto –porque ha mejorado la comprensión tanto del ministerio laico como del ministerio ordenado–, pero no hay duda de que ver a las mujeres asumiendo el liderazgo sacramental ha sido también significativo como detonante para el cambio. En la Iglesia de Inglaterra (a diferencia de otras provincias), la decisión de que las mujeres ocuparan el ministerio ordenado se tomó en etapas progresivas. A partir de 1987 las mujeres podían ser ordenadas diáconos, y esto dio comienzo con la ordenación de todas las mujeres que habían servido anteriormente como diaconisas. La experiencia de recibir un ministerio formal –alguien que se presentaba y actuaba según las normas clásicas de la tradición litúrgica, vistiendo el alzacuello clerical o una sotana, pero que es una mujer– supuso para muchos un cambio de paradigma. Ya no era algo difícil de concebir; lo sorprendente fue lo «normal» y eficaz que parecía. En el ámbito popular, más preocupado por la presencia pastoral y el liderazgo local en las parroquias de todo el país que por el debate teológico sobre el sacerdocio o el liderazgo que nos ocupaba a quienes estábamos en seminarios o sínodos, se produjo un rápido y significativo cambio cultural.

Del sacerdocio al obispado

Hacia el año 2004, diez años después de la primera ordenación al sacerdocio de una mujer, uno de cada cinco sacerdotes en la Iglesia de Inglaterra era mujer. En un breve espacio de tiempo, y también según mi propia percepción y experiencia, se volvió completamente «normal» y corriente ver tanto hombres como mujeres en el sacerdocio. Entre tanto, la *Medida sobre la ordenación sacerdotal de mujeres (Priest [Ordination of Women] Measure)* de 1993 protegía y apoyaba a las parroquias que, por medio de un acuerdo formal, decidían: a) no aceptar el ministerio sacerdotal de una mujer para celebrar la Sagrada Comunión o dar la absolución, y b) no aceptar a una mujer como párroco o sacerdote responsable. Estas resoluciones formaban parte de la disposición del Sínodo General para reconocer la firme diversidad de opiniones en toda la Iglesia de Inglaterra. Se nombraron tres Visitadores Episcopales Provinciales –a quienes se llegó a conocer como «obispos volantes»– para que atendieran a las parroquias que habían optado por estas «resoluciones», y para que trabajaran en colaboración con los obispos de las diócesis a las que pertenecían dichas parroquias.

Entre tanto, había un creciente número de mujeres sacerdotes sirviendo en puestos muy altos dentro de la Iglesia. Por ejemplo, a lo largo de la siguiente década hubo un número desproporcionado de mujeres que desempeñaban las funciones de deán catedralicio y de archidiácono, pero más allá de estas funciones se encontraban con un «techo de cristal». De modo que se impulsó cada vez más un debate formal en el Sínodo General sobre la admisión de las mujeres al episcopado, junto con nuevos análisis teológicos sobre la presidencia y la autoridad, por un lado, y sobre el papel del obispo como guardián de la unidad de la Iglesia, por otro.

En la Conferencia de Lambeth de 1988, los obispos ya habían debatido este tema. Sin tomar ninguna determinación acerca de si estaba bien o no, a través de la Resolución 1, que fue aceptada por una inmensa mayoría, abrieron la puerta a la posibilidad de que hubiera mujeres obispos[31]. Si una provincia se veía persuadida por razones doctrinales convincentes, por la experiencia de mujeres en el ministerio ordenado, por las exigencias misioneras de su región, y si contaban con la abrumadora mayoría de su diócesis, entonces se acordó que debía darse el paso para ofrecer a dicha provincia la posibilidad de ordenar mujeres. Se reconoció que el ministerio que se estaba abordando no afectaba únicamente a una provincia concreta, ni solo a la Comunión Anglicana, sino a la Iglesia Universal

---

31 Votaron a favor 423 obispos; 28 votaron en contra y 19 se abstuvieron. Para más detalles, cf https://www.anglicancommunion.org/resources/document-library/lambeth-conference/1988/resolution-1-the-ordination-or-consecration-of-women-to-the-episcopate?subject=Women&year=1988&tag=Lambeth+Conference.

en su conjunto. De modo que se recomendó el diálogo abierto allí donde la comunión se viera afectada y se fomentó la disposición pastoral para los clérigos y congregaciones cuyas opiniones difirieran respecto de las del obispo, para mantener así la unidad dentro de la diócesis. Reconociendo que la recepción era un *proceso*, de modo que también se llevaron a cabo minuciosas deliberaciones y consultas con socios ecuménicos durante este itinerario.

Hablar de «proceso de recepción» implicaba reconocer que la cuestión de la ordenación de mujeres no podía y no debía declararse como zanjada, más allá de cualquier sombra de dudas, hasta que fuera acogida por toda la Iglesia. Aunque hay quienes han visto esta matizada postura de los obispos de la Conferencia de Lambeth en 1988 como un clásico repliegue anglicano, hay otros que la defienden según el principio de Gamaliel (Hch 5,33ss.), el enfoque «prueba y ve» del discernimiento. Se instó (y se sigue instando) a los anglicanos de ambas partes a seguir respetando las convicciones profundamente arraigadas de los demás, respetando la integridad de unos y otros en un proceso abierto de discernimiento y permaneciendo en el mayor grado de comunión posible. Esto se ha descrito de diversas maneras, desde el «proceso de recepción abierta» hasta la «formalización amistosa de nuestro desacuerdo». En la Conferencia de Lambeth de 1998, algunas de las doce obispas procedentes de las provincias de Estados Unidos, Canadá y Nueva Zelanda, junto con algunos de los que se oponían a la consagración de mujeres al episcopado, propusieron una Resolución (III.2) que trataba sobre la unidad de la Comunión Anglicana. Nacida de una sentida experiencia formativa, esta Resolución afirma que tanto los que se oponen a la ordenación de mujeres al sacerdocio y al episcopado como los que la aceptan son anglicanos fieles. Garantiza que las provincias tomen decisiones «que incluyan el ministerio episcopal apropiado [...], reconociendo que los obispos no tienen ninguna obligación respecto a la ordenación o la licencia». Por último, pide a las provincias que mantengan el principio de «recepción abierta», señalando que la recepción «es un proceso largo y espiritual».

La legislación que permitía que las mujeres fueran consagradas al episcopado en la Iglesia de Inglaterra, que se aprobó en 2014, recogía este principio de recepción abierta en un código conductual que hoy se conoce como «Los cinco principios fundamentales».

Los cinco principios fundamentales

Estas directrices ponen de relieve el compromiso eclesial para que todas las órdenes ministeriales estén abiertas a todos, independientemente de su género, y al mismo tiempo garantizan que aquellos que no pueden recibir el ministerio de presbíteros u obispos puedan realizarse en cualquier caso. Desde enero de 2015 –cuando fue consagrada la primera mujer obispo en la Iglesia de Inglaterra– se pide que todos los que aspiraban convertirse en candidatos para la ordenación acepten cinco principios, tomados en conjunto (no selectivamente) aunque haya tensión entre unos y otros. Consisten en:

1. Una vez aprobada la legislación que permite a las mujeres ser obispos, la Iglesia de Inglaterra está plena e inequívocamente comprometida a que todas las órdenes del ministerio estén abiertas a todos por igual, independientemente del género, y afirma que aquellos a quienes ha ordenado y nombrado debidamente para el cargo son verdaderos y legítimos titulares del cargo que ocupan y, por tanto, merecen el debido respeto y obediencia canónica.

2. Todo el que preste servicio en la Iglesia de Inglaterra ha de estar preparado para asimilar que la Iglesia de Inglaterra ha alcanzado una clara decisión sobre la cuestión.

3. Dado que sigue compartiendo el episcopado tradicional con otras Iglesias, entre las que se incluyen la Iglesia católica romana, la Iglesia ortodoxa y las provincias de la Comunión anglicana que siguen ordenando únicamente a varones como sacerdotes

u obispos, la Iglesia de Inglaterra reconoce que su propia y clara decisión sobre el ministerio y el género está establecida en un proceso más amplio de discernimiento dentro de la Comunión anglicana y de toda la Iglesia de Dios.

4. Dado que los miembros de la Iglesia de Inglaterra que por motivos de convicción teológica son incapaces de aceptar el ministerio de mujeres obispos o sacerdotes siguen estando dentro del ámbito de la enseñanza y la tradición de la Comunión Anglicana, la Iglesia de Inglaterra se compromete a permitirles prosperar en la vida de la Iglesia y sus estructuras.

5. Se adoptarán las medidas pastorales y sacramentales para la minoría dentro de la Iglesia de Inglaterra sin que haya un límite de tiempo y de tal forma que mantengan el más alto grado de comunión y contribuyan a un florecimiento mutuo de toda la Iglesia de Inglaterra.

A partir de la Conferencia de Lambeth de 1988, y en todas las Conferencias de Lambeth desde ese momento, se ha hecho hincapié en las cualidades necesarias para que vivamos en el más alto grado de comunión: amabilidad, tolerancia, respeto mutuo, disposición a pensar lo mejor unos de otros y compromiso para orar unos por otros. Ojalá no necesitáramos que se nos recordara. Indudablemente, estas cualidades esenciales para la comunión de los discípulos nos han hecho crecer y nos han sustentado en generosidad y en un verdadero apoyo mutuo, a pesar de las diferencias, y nos ha permitido superar las tentaciones de encerrarnos en nuestro pequeño grupo o en nuestras zonas «tribales» de confort cuando el desacuerdo nos separa. Una lectura generosa indicaría que se han convertido –o se están convirtiendo– en un signo característico del carácter anglicano.

Si queremos vivir en el futuro en el más alto grado de comunión, a pesar de las diferencias, es necesario que todos –tanto a los que están a favor como a los que están en contra– mostremos respeto, generosidad y confianza mutua. Hemos de darnos espacio unos a otros para vivir con confianza y seguridad, y, al mismo tiempo, hemos de encontrar la manera de no encerrarnos herméticamente apartados de los demás en compartimientos estancos. La interacción es esencial para la recepción abierta, como también lo es la voluntad de mantener nuestras propias convicciones con una cierta reserva, en el «ya pero todavía no» de reconocer que nuestras certezas también tienen parte de provisionalidad. En un mundo cada vez más polarizado, de posverdad y populista, esto no es sencillo.

Conclusión

De las 42 provincias de la Comunión anglicana, 38 ordenan mujeres al diaconado y 33, además, ordenan mujeres al sacerdocio. Después de décadas –e incluso siglos– de deliberaciones, el ritmo del cambio se ha acelerado. Aunque no fue por esta razón, ha sido beneficioso en la Iglesia de Inglaterra para mantener las cifras entre el clero. Durante los últimos años –al menos hasta el covid– el número de personas que se han acercado a la ordenación ha crecido en términos generales en las diócesis y ha alcanzado un equilibrio de casi el 50% de hombres y el 50% de mujeres. En proporción, hay más hombres en las franjas de edad más jóvenes y más mujeres en las franjas de edad más avanzada. En 2020 el número de mujeres ordenadas superó por primera vez al número de hombres. Un número significativamente más elevado de mujeres ordenadas desempeñan funciones autosuficientes (no retribuidas), y sigue habiendo una proporción significativamente mayor de hombres con cargos superiores y que sirven como titulares (es decir, como sacerdotes al cargo de una parroquia). Pero lo cierto es que muchas parroquias dejarían de funcionar sacramentalmente sin el fiel «ejército» de innumerables centenares de mujeres sacerdotes.

En el Colegio de Obispos hay actualmente 31 mujeres de un total de 108. Siete de estas mujeres son obispas diocesanas (de un total de 43). Dado que la primera mujer fue consagrada hace nueve años, se trata de un cambio muy rápido para cualquier Iglesia. Pero, en mi opinión, mucho más relevante que las cifras es el cambio cultural. En el sector de los negocios se sabe que los equipos directivos más sólidos y efectivos son los que cuentan con altos niveles de diversidad, principalmente porque la diversidad se convierte en una palanca para el cambio cultural, pues supone un reto para las estructuras de poder establecidas y fortalece tanto la orientación al aprendizaje como el apetito por el riesgo[32]. Por lo general potencia la creatividad y la responsabilidad y reduce el «pensamiento de grupo» y la complacencia. Yo diría que, entre los obispos, los modelos de debate y los procesos de toma de decisiones han evolucionado también: son más relacionales, más holísticos y menos contenciosos. Hemos de seguir estando alerta –entre otras cosas porque si el liderazgo de la Iglesia tiene que ser un reflejo de los miembros de la Iglesia, aún falta mucho trabajo por hacer respecto a la diversidad étnica–, pero hemos recorrido ya un largo camino. Ha sido un viaje emocionante y alentador, testimonio de la interconexión entre tradición e innovación. La fidelidad a la tradición exige valentía e imaginación –mirando hacia adelante pero también hacia atrás– para vivir y responder a los interrogantes de nuestro tiempo

---

32 Cf. Por ejemplo, Robin J. Ely - David A. Thomas, «Getting Serious About Diversity: Enough Already with the Business Case», en *Harvard Business Review* (noviembre-diciembre de 2020).

y a la promesa de nuestro futuro. «Innovación basada en la tradición» es una frase útil para describir una trayectoria valiente pero responsable para el cambio en la Iglesia. Insisto, la diversidad es un factor clave para el proceso de «desgaste creativo» que mantiene el flujo de ideas para la continua revisión de la tradición.

Confiamos en que el Espíritu siga retándonos e impulsándonos. Cuando se trata de cuestiones de hombres y mujeres ocupando puestos de liderazgo, como para tantos otros temas sobre los que los cristianos tienen diversidad de opiniones, sigue habiendo grandes interrogantes. ¿Cómo puede vivir la mayoría de la Iglesia de Inglaterra con la convicción sobre la ordenación de mujeres y respetando al mismo tiempo a la minoría que no apoya esta decisión, y viceversa? ¿Requiere esto alguna disposición legal, o convendría más adoptar un código ético consensuado y optimista? Teniendo en cuenta nuestras diferencias, ¿cómo podemos garantizar a los demás nuestra voluntad de vivir en el más alto grado de comunión? Y ¿podemos vivir realmente en ella? ¿Cómo podemos dar espacio a esas ideas diferentes, convencidos de que las posturas de ambas «partes» son legítimas, hasta que todos lleguemos a la misma idea? En definitiva: ¿cómo podemos vivir y aceptar nuestras diferencias no solo por nuestro bien, sino por el bien de la Iglesia y el de un mundo que necesita desesperadamente aprender el arte de vivir generosamente en la diferencia? Esto no solo es importante para la Iglesia de Inglaterra, la Comunión anglicana o la Iglesia universal: es importante para todos, en todas partes.

La Iglesia es el Cuerpo de Cristo. Es un ser vivo antes que una institución burocrática. Sean cuales sean sus estructuras, deben funcionar para construir relaciones, para fomentar la confianza, para servir personalmente a un nivel encarnado. Esto implica una confianza fraternal y sororal, pero la confianza debe construirse continuamente –no puede presuponerse–, así que tenemos que mantener también contacto *sobre todo* con aquellos con los que diferimos. Tenemos que seguir explicándonos unos a otros por qué para unos la ordenación de las mujeres es una verdad evangélica mientras que para otros la no ordenación de las mujeres es una verdad evangélica. Todos vemos en el espejo tenuemente, no con claridad. El debate se centra en las posibilidades que cada uno de nosotros ve para proclamar la totalidad del Evangelio de justicia del Reino de Dios. Se trata de responder a la gracia de la invitación de Dios a participar en la misión colaborando con la Santísima Trinidad. Se trata de vivir en la promesa de la vida eterna, donde nos reuniremos como un cuerpo diferente, procedente de toda tribu y lengua (y denominación y género), en torno al trono de la gracia, unidos no por nuestra uniformidad sino por nuestra fe.

MUJERES Y MINISTERIOS EN LA IGLESIA CATÓLICA

Giuliva Di Berardino

El discurso sobre el ministerio se cruza con la complejidad de lo real. Por eso es necesario abordarlo a partir de una perspectiva teológica de conjunto: no solo eclesiológica, sino también escatológica, trinitaria, litúrgica e histórica. Pensar en el ministerio desde una perspectiva únicamente sociológica y cultural, sin tomar en consideración las articulaciones que lo generan y lo caracterizan, no hace ningún servicio a la verdad, fomenta la ideología y alimenta la mundanidad espiritual[33]. Si de verdad estamos llamados hoy a manifestar la belleza de ser una Iglesia en salida, no podemos encerrar el ministerio en la complejidad de una ideología con la que corremos el riesgo de confundirnos.

---

33 El papa Francisco habla de la mundanidad espiritual en *Evangelii gaudium* 93-97 y la define con estas palabras: «La mundanidad espiritual, que se esconde detrás de apariencias de religiosidad e incluso de amor a la Iglesia, es buscar, en lugar de la gloria del Señor, la gloria humana y el bienestar personal. Es lo que el Señor reprochaba a los fariseos: "¿Cómo es posible que creáis, vosotros que os glorificáis unos a otros y no os preocupáis por la gloria que solo viene de Dios?" (Jn 5,44). Es un modo sutil de buscar "sus propios intereses y no los de Cristo Jesús" (Flp 2,21). Toma muchas formas, de acuerdo con el tipo de personas y con los estamentos en los que se enquista. Por estar relacionada con el cuidado de la apariencia, no siempre se conecta con pecados públicos, y por fuera todo parece correcto» (n. 93).

Ha llegado el momento de asumir la realidad de una Iglesia vivificada por el Espíritu Santo, libre para estar al servicio de la verdad, en la caridad. Una Iglesia vivificada por el Espíritu, una Iglesia llena de ministerios, porque el Espíritu genera vida siempre nueva, y ofrece la posibilidad de hacer síntesis entre transmisión histórica y experiencia actual, acogiendo la Tradición que nos precede, mientras nos dirigimos al final de los tiempos. La *dynamis* vivificante del Espíritu Santo actúa por medio de los numerosos carismas, de los numerosos ministerios que modelan la Iglesia y la hacen peregrina en el mundo, lugar de experiencia de la realidad única que es el Reino de Dios. Todo ministerio es para el reino de Dios: en el Reino ya no existirán más; es aquí, a lo largo de nuestra peregrinación terrenal, donde son útiles para aprender a vivir *a la manera del Reino*. Esta perspectiva escatológica, esta tensión siempre viva del «ya y todavía no» permite que la Iglesia, en todo tiempo y lugar, sea renovada continuamente en el Espíritu Santo. Sin el horizonte del Reino, sin esta experiencia global que confiere la perspectiva, sin este *arte de la transmisión,* todos los ministerios se convierten en expresión de *necesidades actuales,* de adaptaciones a la sociedad actual o restablecimiento de un pasado que hoy es ya completamente anacrónico.

La palabra de Dios nos ayuda a pensar adecuadamente en los ministerios, ofreciéndonos la imagen bíblica del cuerpo. El apóstol Pablo, entre otros, nos dice, de manera muy sencilla, que la Iglesia es un cuerpo, que tiene una cabeza y *muchos miembros*[34], y cada uno de estos funciona, por su parte, vivificando todo el cuerpo. Entre las numerosas citas sobre este tema, Pablo recurre a la imagen del cuerpo también aludiendo al tipo de culto que el cristiano está llamado a dar a Dios. En el capítulo 12 de la Carta a los romanos, el apóstol exhorta a los creyentes a ofrecer su cuerpo como «sacrificio vivo, consagrado, agradable a Dios», y a continuación añade: «Este es el culto que debéis ofrecer», un culto que se hace ofreciendo el cuerpo, la vida. Pero también encontramos una referencia al cuerpo en el cuarto evangelio, cuando se habla precisamente del templo en relación con el cuerpo de Jesús[35]: el templo, la casa de Dios, el lugar del culto sacrificial para el cual prestaba servicio la tribu sacerdotal[36], es el cuerpo mismo de Jesús. Así pues, el *culto espiritual* del que habla Pablo es un desarrollo de esta concepción sacerdotal del cuerpo de Jesús que nos transmite también el cuarto evangelio. Por tanto,

---

34 Cf 1Cor 12,12.

35 Cf Jn 2,13-22.

36 Sabemos que en época de Jesús había organizaciones que se oponían al sacerdocio del templo de Jerusalén, como se cree que fue el caso de la comunidad que se originó en Qumrán (cf Roland de Vaux, *Le istituzioni dell'Antico Testamento*, Marietti, Génova 1977[3] [reedición en 1991], pp. 379-395).

si el bautismo nos hace miembros del único cuerpo[37], todo bautizado, incorporado a Cristo[38], está al servicio de la edificación de todo el cuerpo eclesial.

Pero anteriormente fue también urgente recuperar la visión global de la Iglesia a partir de la imagen bíblica del cuerpo, sobre todo porque, si observamos la realidad de la experiencia ministerial actual, nos percatamos de una especie de esquizofrenia del cuerpo que formamos y del que debemos hacernos cargo. Por un lado, tenemos un laicado que parece que la Iglesia valora más, dedicado a desempeñar funciones ministeriales de cierta relevancia; pero, por otro lado, tenemos una fuerte tirantez ante los ministerios laicales, y con frecuencia una minusvaloración por parte de los propios laicos, por lo que respecta al valor del ministerio desempeñado en nombre del sacerdocio bautismal de los fieles.

Indudablemente esta cuestión concierne también a las mujeres, como muestra, por ejemplo, el reciente «motu proprio» *Spiritus Domini,* gracias al cual los ministerios instituidos, antes reservados a los hombres, hoy se han hecho también accesibles a las mujeres[39]. Al menos por lo que respecta a la diócesis en la que vivo y a la que sirvo, se observa que la presencia femenina

---

37 Cf Gal 3,25-29.

38 *Catecismo de la Iglesia católica* 1272, citando Rom 8,29.

39 FRANCISCO, Carta apostólica en forma de «motu proprio» *Spiritus Domini* sobre la modificación del can. 230 § 1 del *Código de Derecho Canónico* acerca del acceso de las personas de sexo femenino al ministerio instituido del lectorado y del acolitado, 10 de enero de 2021.

en los ministerios instituidos aún no se comprende adecuadamente. Haber incluido a las mujeres en los ministerios instituidos ha sido un paso importante, sin duda, pero incluso entre las propias mujeres se percibe todavía la dificultad de aceptar esta apertura. El motivo es doble: por una parte, la presencia de las mujeres en la Iglesia se ha idealizado con frecuencia y, por tanto, ha quedado restringida al ámbito de la espiritualidad, hasta el punto de considerar que la realidad ministerial de la Iglesia es ajena a las mujeres; por otra parte –y puede que este sea el aspecto más triste del que debamos ocuparnos de inmediato– aún no se ha comprendido el conjunto de la realidad ministerial en la Iglesia, dado que, lamentablemente, se considera que hace únicamente referencia al sacerdocio ministerial, y no al sacerdocio de Cristo.

Por tanto, es hoy urgente pensarnos como un solo cuerpo, recuperar juntos la orientación hacia el reino de Dios, la pasión por el Evangelio, la energía del Espíritu Santo que nos impulsa hacia la caridad. Los ministerios eclesiales, ordenados, instituidos o del tipo de sean, no pueden pensarse ni vivirse a la manera del mundo, sin Dios. Necesitamos una fecundidad nueva, que pueda ser generadora y que sepa hacer nacer otros ministerios, otros carismas en la comunidad de los creyentes, y, en este ámbito, como todos sabemos, las mujeres tienen mucho que ofrecer. En esta visión de conjunto, la cuestión de las mujeres en la Iglesia merece ser considerada como atención al cuerpo eclesial universal, porque lo femenino en la Iglesia es una cuestión que no solo concierne a las mujeres, sino a todos los llamados por Cristo, bautizados en Cristo, dado que, en este ministerio de pertenencia a él, todos edificamos la Iglesia, cuerpo de Cristo, «cada uno por su parte», como afirma el apóstol Pablo. Por otro lado, en todos los evangélicos, canónicos y no canónicos, se da testimonio de que Jesús, durante todo el tiempo de su ministerio y en los días de su pasión, muerte y resurrección, estuvo acompañado y asistido por varias figuras femeninas, entre las que destacan, en particular, su madre, María, y María Magdalena, a la que en todos los evangelios se presenta como la primera testigo de la resurrección de Cristo, venerada en la tradición oriental como *isoapostolé,* es decir, *igual a los apóstoles*[40]. Asimismo, se observa en los evangelios que las mujeres que seguían a Cristo representan el modelo de discipulado[41]. Se observa también que, en la difusión de la fe cristiana entre los paganos, las mujeres constituyeron un punto fuerte

---

40 Se ha escrito abundantemente sobre la figura de María Magdalena, pero sobre la cuestión de la apostolicidad de Magdalena señalo el estudio de Marinella Perroni – Cristina Simonelli, *María de Magdala. Una genealogía apostólica,* San Pablo, Madrid 2017.

41 María a los pies del Maestro (Lc 10,39), las mujeres presentes en la crucifixión y resurrección de Jesús (Mt 28,1-10; Mc 16,1-8; Jn 19,25-27).

fundamental para la transmisión y difusión de la fe[42].
Además, la fecundidad femenina, no solo en ámbito espiritual, sino también precisamente en el pastoral, es bien conocida por la tradición de la Iglesia católica: a lo largo de la historia, han sido muchas las órdenes religiosas, activas y contemplativas, fundadas por mujeres de toda posición social y de toda procedencia cultural. Familias espirituales enteras fundadas por mujeres han sabido dar vida a la Iglesia.

Pero todavía hoy sigue siendo así: si abriésemos los ojos del Espíritu sobre nuestro atribulado mundo veríamos muchas mujeres –laicas, religiosas, consagradas de diferente tipo– que son, para las comunidades parroquiales y diocesanas, y a veces incluso laicas, un signo visible de esta fecundidad espiritual. Las formas son diferentes del pasado, pero consideremos las innumerables asociaciones de fieles coordinadas o fundadas por mujeres, las numerosas madres espirituales que escuchan con misericordia y paciencia, llevando en su oración los sufrimientos y las alegrías de esta humanidad: en el interior de los monasterios, en los hogares, e incluso en los lugares menos pensados, allí donde ningún obispo y ningún presbítero puede llegar. Hay mujeres que guían los momentos de oración, que

---

42 Recordemos que, en su misión, Pablo recibió ayuda de diferentes mujeres, entre las que podemos nombrar a Febe, a quien se señala como *diakonos* (Rom 16,1-2). Sobre las mujeres que participaron en la misión de Pablo puede verse Nuria Calduch-Benages (coord.), *San Pablo y las mujeres,* PPC, Madrid 2020.

presiden la liturgia de la Palabra, que predican ejercicios espirituales, que crean nuevos lenguajes de evangelización. Y, además, hay mujeres que gestionan comunidades parroquiales enteras. Es el caso, por ejemplo, de la Amazonia: la función esencial que desempeñan las religiosas y laicas ha sido puesto de relieve incluso en la Asamblea especial del Sínodo de los obispos para la región panamazónica (6-27 de octubre de 2019), durante la cual surgió la propuesta del diaconado permanente para las mujeres43. Todos hemos nacido de una mujer, y, para muchos de nosotros, la fe nos la ha transmitido nuestra madre, por eso en la Iglesia, desde siempre, la maternidad espiritual de las mujeres ha sido un servicio, un valioso ministerio para el reino de Dios. La clave, hemos de reconocerlo, es que en el mundo católico falta un ministerio femenino específico que pueda ampliar la maternidad espiritual de cada mujer, su don particular, a la dimensión universal de la Iglesia. Quizá bastaría con que los ministerios que tantas mujeres desempeñan ya de facto les fueran conferidos, por parte del obispo local, de manera oficial y pública. Es importante que esto ocurra, porque la Iglesia es

---

43 Documento final del Sínodo para la Amazonia, 26 de octubre de 201, n. 103: «En las múltiples consultas realizadas en el espacio amazónico, se reconoció y se recalcó el papel fundamental de las mujeres religiosas y laicas en la Iglesia de la Amazonia y sus comunidades, dados los múltiples servicios que ellas brindan. En un alto número de dichas consultas, se solicitó el diaconado permanente para la mujer. Por esta razón el tema estuvo también muy presente en el Sínodo». Puede verse el texto completo en: https://www.vatican.va/roman_curia/synod/documents/rc_synod_doc_20191026_sinodo-amazzonia_sp.html.

madre y porque en el cuerpo eclesial que da testimonio de la fe hay mujeres que, en su servicio con frecuencia humilde, hacen visible al propio Cristo, gracias a su maternidad espiritual.

El punto de partida: la Trinidad

Centrando la cuestión en la palabra de Dios y en la imagen del cuerpo, se comprende la realidad ministerial como realidad relacional, más que funcional. Realidad relacional entendida no en términos humanos, porque el modelo de relación que existe entre los ministerios es Dios-Trinidad. Es el modo de vivir trinitario que nos permite comprender que el ministerio en la Iglesia no se define por sí mismo, sino en la armonía de la diversidad. Contemplando la Trinidad es como aprendemos a ver la Iglesia como un modo de existencia del propio Dios. El *modo de existencia* tras la caída es la *singularidad* (biológica, psicológica, histórica), y en esta situación incluso la convivencia social se convierte en una dimensión individual, pero el *modo de existencia* que transmite la Iglesia es la *realidad de la persona,* porque en el bautismo el Dios trinitario graba en la naturaleza humana el modo de existir de Dios, y a los «renacidos en agua y en el Espíritu», a los bautizados, se les transmite una renovación de la vida que es el modo de existir de la persona[44], que es en comunión.

---

44 El sustantivo griego es *prosopon (pros,* «verso» y *ops* [genitivo *opos*], «ojo», «rostro», «mirada»).

Cuanto más participa un creyente en la comunión, más se convierte en sí mismo, y esta verdad afecta también a la cuestión de los carismas y los ministerios. Todo carisma, que puede llegar a ser un ministerio, es una realidad que no debe entenderse ni en términos funcionales («no hay sacerdotes para el funcionamiento de la vida eclesial, así que necesitamos otros ministerios») ni en términos individuales, sino en términos «personales», es decir, como aquella unicidad de don que brota de la comunión y está al servicio de la comunión. Por tanto, es necesario tratar el discurso sobre los ministerios a la luz de la teología trinitaria para poder asimilar mejor la eclesiología «dinamizada» del Espíritu Santo que encontramos en los textos de Pablo y, de manera diferente pero similar, en Pedro, que habla de los bautizados como «piedras vivas, utilizados para ser edificados en casa espiritual y sacerdocio santo»[45].

Toda la realidad ministerial de la Iglesia representa el sacerdocio de Cristo

Según el Nuevo Testamento, el sacerdocio no concierne a una persona, sino a todo creyente, a todo bautizado. Cristo, como nos dice la Carta a los hebreos, es víctima, altar y sacerdote, cumple su sacrificio sobre la cruz de tal manera que todos los sacrificios del

---

45 Cf 1Pe 2,4-9.

templo, todas las oraciones, súplicas y esperanzas del pueblo, tengan cumplimiento en él. Por tanto, en Cristo todo el pueblo, no solo una parte, es sacerdotal. Es prueba de ello el hecho de que, según el cuarto evangelio, Jesús dice que el verdadero culto es el culto *en Espíritu y verdad* [46]. Por tanto, el pueblo sacerdotal es la Iglesia[47], en su realidad relacional, en la comunión que experimenta y vive como cuerpo de Cristo vivo. Y en esta comunión es donde encuentra su fundamento la función sacerdotal del pueblo de Dios respecto al mundo.

Si en la Iglesia se encuentra la vocación al ministerio sacerdotal, es con el propósito de revelar la esencia sacerdotal de toda vocación, de hacer de la vida de todo creyente la liturgia del Reino, de revelar a la Iglesia como el sacerdocio real del mundo redimido. Todo ser humano ha sido creado sacerdote del mundo, mediador de la vida de Dios para toda la creación, capaz de ofrecer el mundo a Dios en un sacrificio de amor y de alabanza, con el fin de que, por medio de esta eucaristía eterna, se entregue al mundo el amor divino. Y *Cristo es el único verdadero sacerdote,* porque es él quien lleva a cumplimiento la vocación humana en el verdadero culto oferente. Pero precisamente porque es pueblo sacerdotal, el cuerpo eclesial tiene diversidad

---

46 Cf 1Jn 4,21-24.
47 Cf Ap 1,6; 5,9-10; 20,6.

de carismas y de ministerios, y esta diversidad no confunde[48], no lleva a la división, sino que cualifica de manera viva, fecunda, todo el cuerpo eclesial. Pero, lamentablemente, durante muchos siglos, el debate teológico ha estado condicionado por el carácter «divisorio» de la ordenación respecto a los otros fieles, sobre todo en lo referente a la cuestión sobre si la ordenación confiere una gracia objetiva que el ministro posee ontológicamente o si se trata simplemente de la tarea que se confiere a alguien para que ejerza una función en nombre de Cristo o de la Iglesia. En este contexto, la controversia sobre la ordenación ha oscilado durante mucho tiempo entre posiciones que atribuían un *character indelehilis* a la persona ordenada o que afirmaban la naturaleza funcional de la ordenación. Pero en cuanto acción del Espíritu Santo, la ordenación no puede considerarse como un factor de división en la Iglesia, aunque permanece el hecho de que el Espíritu Santo «distribuye los dones» y los confiere individualmente[49].

El célebre dicho de san Agustín «para vosotros soy obispo, con vosotros soy cristiano» es, sin duda, conocido y citado con frecuencia, pero ¿hasta qué punto es palpable en nuestras curias, en nuestras parroquias, en nuestras realidades eclesiales? Quizá sería necesario

---

48 1Cor 12,28-30.

49 «Sobre cada uno de ellos», como dice el relato de Pentecostés (cf Hch 2,3).

reelaborar toda una teología del ministerio a partir de los logros del Concilio Vaticano II que lleven a replantearse, en una visión de conjunto, también la teología sacramental con respecto a la articulación interna de los tres grados del orden sagrado: diaconado, presbiterado y episcopado[50].

Además, en esta reflexión, sería necesario preguntarnos al menos qué criterio fundamenta la recepción de los sacramentos. Si es el bautismo, entonces ¿por qué motivo teológico el bautismo recibido por una mujer no capacita para recibir el sacramento del orden sagrado mientras el recibido por un hombre sí?[51].

Habría, pues, que profundizar, reflexionar y fomentar una nueva interpretación teológica integral del ministerio para reconsiderarlo desde la perspectiva actual de una «Iglesia en salida», para que la Iglesia sea pueblo de sacerdotes que haga visible la vivacidad del cuerpo de Cristo en la liturgia. Y en la liturgia que cada fiel lleva a cabo, de manera simbólica, su propia participación en el sacerdocio de Cristo, no solo en la modalidad ministerial de presidencia litúrgica, sino en

---

50 Sobre la articulación interna de los tres grados del orden sagrado puede verse LUCA GARBINETTO – SERENA NOCETI (eds.), *Diaconato e diaconia. Per essere corresponsabili nella Chiesa*, EDB, Bolonia 2018. Sobre el ministerio presbiteral y sobre la cuestión del sacerdocio: MARTIN EBNER, *La Chiesa ha bisogno di sacerdoti?, o.c.*

51 Sobre la teología sacramental y la cuestión de género: ANDREA GRILLO - DONATA HORAK, *Le istituzioni ecclesiali alla prova del genere. Liturgia, sacramenti e diritto*, San Paolo, Cinisello Balsamo (Milán) 2019.

el conjunto de todas las modalidades de participación, igualmente dignas y eficaces[52].

Así pues, la cuestión es más compleja de lo que parece, porque la situación actual de la Iglesia exige con urgencia que se reflexione y se comprenda, que se medite y se rece, sobre qué es el sacerdocio de Cristo. El hecho de que esta urgencia se haya puesto en evidencia gracias a las voces de las mujeres y a su experiencia eclesial, una experiencia a menudo sufrida y poco escuchada, es indiscutible. Que todavía hoy, en la Iglesia, haya un problema respecto a la ubicación ministerial oficial de las mujeres demuestra que en todo el cuerpo eclesial no hay aún consciencia de ser un solo cuerpo que tiene muchos miembros unos al servicio de otros, una consciencia que, antes de ser pastoral, o funcional para garantizar una presidencia para administrar los sacramentos, es de naturaleza espiritual. En el itinerario de formación para el ministerio quizá deberíamos dirigirnos no solo al estudio de la cultura, a la teología, sino también al verdadero contacto, no abstracto, no virtual, con las miserias que afligen a la humanidad.

---

52 La Constitución conciliar *Sacrosanctum Concilium* ratifica en el número 26: «Las acciones litúrgicas no son acciones privadas, sino celebraciones de la Iglesia, que es "sacramento de unidad", es decir, pueblo santo congregado y ordenado bajo la dirección de los Obispos. Por eso pertenecen a todo el cuerpo de la Iglesia, influyen en él y lo manifiestan; pero cada uno de los miembros de este cuerpo recibe un influjo diverso, según la diversidad de órdenes, funciones y participación actual».

Estoy personalmente convencida de que si en el mundo católico, que nos ofrece una tradición milenaria sobre ello, todos comprendiésemos el sentido profundo y auténtico del sacerdocio de Cristo, la situación de las mujeres dejaría de ser un problema, porque su acción es fundamental en numerosos procesos que Cristo mismo ha venido a traer al mundo a través de su ministerio itinerante y carismático. La presencia y la fuerza de las mujeres en la Iglesia tiene como cimiento lo que Cristo mismo deseó para toda la humanidad. La cuestión de las mujeres está en estrecha relación con el sacerdocio de Cristo.

¿Puede haber un ministerio eclesial como participación en el sacerdocio de Cristo para las mujeres?

Ejercer un servicio *de facto* o de manera oficial es diferente en la consciencia de la persona que lleva el ministerio, pero es también diferente para la comunidad, para la misma Iglesia, que, a través del ministro, ya sea hombre o mujer, recibe una presencia significativa, un punto de referencia, el cuidado necesario para que no muera la vida espiritual de la comunidad. En lo referente al estado de vida también es así: es diferente vivir una consagración en el mundo de manera privada, aunque hay muchas personas que la viven de manera santa, que vivirla de manera pública y oficial en la Iglesia. Este paso oficial, que hoy parece necesario en algunas situaciones concretas, tiene que ver, en su origen y en su conjunto, con el sacerdocio de Cristo, que en la antigua tradición de la Iglesia no se diferenciaba de forma tan marcada, en sacerdocio bautismal y sacerdocio ministerial. Sin embargo, en una Iglesia aquejada de clericalismo[53] como la Iglesia en la que estamos viviendo, un primer paso posible hacia la sanación podría ser seguramente reconocer que es necesario llevar a cabo una conversión: regresar a la fuente, purificar desde la raíz la realidad ministerial, para impedir así que la diferencia entre ministerios se convierta en un elemento de separación del cuerpo de Cristo.

Con honestidad intelectual, puede reconocerse que no existen *fuentes* específicas en la tradición cristiana que permitan abordar la cuestión de un ministerio presbiteral femenino en la Iglesia católica.

Aunque existe una reflexión teológica que respalda y defiende la cuestión[54], se observa su debilidad, no

---

53 El papa Francisco ha definido el clericalismo como «un látigo, un azote, una forma de mundanidad que ensucia y daña el rostro de la esposa del Señor; esclaviza al santo pueblo fiel de Dios» (Intervención del Santo Padre en la 18ª Congregación general de la XVI Asamblea general ordinaria del Sínodo de los Obispos, 25 de octubre de 2023).

54 Me refiero a los estudios de teología feminista que abordan el tema, como SERENA NOCETI, «*Nel senso di una profezia e di una promessa». La riflessione sul ministero ordinato alle donne;* CLOE TADDEI FERRETTI, *Anche i cagnolini. L'ordinazione delle donne nella Chiesa cattolica,* Gabrielli Editori, San Pietro in Cariano (Verona) 2014. También tratan sobre este tema los estudios de LUCA CASTIGLIONI, *Figlie e figli di Dio. Uguaglianza battesimale e differenza sessuale,* y ANDREA GRILLO, *L'accesso delle donne al ministero ordinato. Il diaconato femminile come problema sistematico.*

porque no muestre una perspectiva interesante, capaz de cuestionar la realidad ministerial actual, sino porque, en lo que se refiere estrictamente al problema de la posibilidad de hacer accesible a las mujeres el ministerio presbiteral, hay que aclarar qué se entiende por Tradición. ¿Es la memoria y la consciencia viva de la Iglesia, el término de referencia y el criterio básico con el que discernir su vida y su identidad, ininterrumpida a lo largo de la historia? ¿O es más bien un producto –o una serie de productos– de la historia, a la luz de la cual ha de ser reevaluada, juzgada, utilizada o rechazada? Es importante llegar a un acuerdo sobre esto, porque si queremos llevar a cabo la necesaria integración entre transmisión histórica y experiencia actual, la Tradición se convierte en un principio de discernimiento.

Porque si bien es verdad que la Tradición no coincide con el *traditum,* es decir, con lo que se ha transmitido, también es verdad que no coincide tampoco con la asimilación de fragmentos culturales a menos que estos no hayan sido transfigurados a la luz de la fe y vinculados de manera integral a todo lo demás. Si consideramos a la Iglesia como el cuerpo vivo del Señor en el hoy de nuestra peregrinación terrena, podremos decir que la Tradición se manifiesta en todo lo que lleva el sello del espíritu eclesial, porque el sentido eclesial se hunde en la Tradición y une la cultura (también las diferentes culturas) de forma orgánica a la Tradición. De este modo la Tradición asume y transforma:

su contenido es inagotable, está destinado a prolongarse, a crecer, en la perspectiva del Reino futuro.

Así pues, es necesario que nos liberemos tanto de la idea preconcebida de que nada de lo nuevo es eclesial como de la convicción de que todo lo nuevo debe ser necesariamente eclesial. Seguramente es anti-eclesial la inclinación a paralizar el pensamiento y a vincular la problemática a una repetición del pasado, pero también es anti-eclesial la tendencia a buscar el diálogo con la cultura actual sin tener en cuenta la visión integral y global de todo el cuerpo eclesial. La Iglesia recibe vitalidad, y avanza en la historia, hacia el futuro, no solo ocupándose del diálogo con la actualidad, sino también abriéndose a la visión del Reino de Dios, a la dimensión escatológica, que fundamenta la identidad bautismal de todo creyente y replantea todo ministerio en la perspectiva del Reino futuro, como realidad relacional antes que funcional.

A la luz de la Tradición, el estudio teológico sobre el ministerio ordenado necesita hoy, en general, aumentar el diálogo y el debate, dar valor sobre todo a la escucha y a la aceptación de la diversidad (no solo la diferencia de género, sino también muchas otras diferencias, como las culturales, económicas, ideológicas). Pero todo ello en relación con la Tradición, que desde siempre ha dispuesto los ministerios de la Iglesia en relación unos con otros, considerando a los hombres y mujeres no como categorías abstractas, sino como el cuerpo íntegro de Cristo, que juntos hombres y mujeres forman, hoy como ayer, en lo concreto de la vida.

Por consiguiente, en una perspectiva que vincula «integralmente» el estudio teológico a la Tradición, la ordenación presbiteral para las mujeres sigue siendo hoy una cuestión abierta al debate, mientras que nada impide contemplar el diaconado para las mujeres, dado que se ha constatado ya desde tiempos apostólicos en las diversas Iglesias de tradición oriental y occidental, aunque con diferentes connotaciones en cada expresión cultural particular.

En los tiempos apostólicos todos los fieles se consideraban sacerdotes y desempeñaban varios carismas ministeriales, pues no existía el concepto de *laicado,* que se desarrolló posteriormente[55]. En el periodo subapostólico los carismas ministeriales formaron en torno al obispo las antiguas *ordines*[56], con la colaboración entre hombres y mujeres. Entre las mujeres surgieron las *viduae,* que constituían un ministerio u orden específico reconocido en la Iglesia. También el *Ordo virginum* fue uno de los *ordines* (exclusivamente femenino) y sabemos que algunas vírgenes entraron a formar parte del diaconado femenino, llevando a cabo obras caritativas o sociales, o desempeñando funciones

---

55 Romano Penna, *Un solo corpo. Laicità e sacerdozio nel cristianesimo delle origini*, Carocci, Roma 2020.

56 Enrico Cattaneo, *Il culto cristiano in Occidente. Note storiche*, CLV Edizioni Liturgiche, Roma 1984².

relacionadas con la oración y el culto; en particular ejercían el ministerio de la intercesión y de la profecía.

Pero también este escenario desapareció de la Iglesia, y los carismas ministeriales quedaron reducidos al triple ministerio de obispos, presbíteros y diáconos para convertirse en un servicio concreto, centrado en la administración de los sacramentos. El ministerio del obispo se volvió especialmente importante, y su función pasó de ser carismática a ser administrativa, de tal manera que bajo la supervisión de los obispos las redes comunitarias, que solían ser horizontales, se transformaron en estructuras jerárquicas verticales, según la idea de «jerarquía divina» de ascendencia neoplatónica cristiana[57]. La Iglesia adoptó la organización jerárquica con la finalidad de servir a la comunidad, dado que las jerarquías mantienen en orden estructuras complejas, incluso en la naturaleza. Pero los mismos padres de la Iglesia reconocieron que el principio jerárquico podría ir en contra de la Iglesia si el líder servía a sus propios intereses en lugar de servir a la comunidad. Esto quiere decir que la jerarquía es una manera de vivir el ministerio, no su condición de ser. Pero con frecuencia, en nuestra cultura occidental europea hemos confundido una modalidad de ministerio con su realidad profunda.

---

57 Uno de los autores más representativos fue Pseudo-Dionisio, que por un lado rechazó el politeísmo neoplatónico pero que, por otro lado, adoptó la idea de la jerarquía para demostrar que el acceso a la gracia divina no era directo, sino indirecto.

Sin embargo, en la Iglesia primitiva no era así: había muchas interpretaciones, tantas como modalidades de ejercicio del ministerio. De las fuentes rituales y del canon 19 del Concilio de Nicea (325) se desprende que el diaconado se confería a hombres y mujeres a través de la *keirotonia,* el gesto ritual de imposición de las manos que consistía en apoyar físicamente las manos sobre la cabeza del ministro: gesto que en la tradición expresa la transmisión del Espíritu Santo por medio de la autoridad apostólica. Precisamente este gesto ritual fue lo que hizo pensar que el diaconado tenía cierto valor sacramental, pero al estudiar la cuestión hemos de reconocer francamente que aún no se había teorizado la distinción actual de ministerios entre órdenes mayores y órdenes menores, sacramentos y sacramentales[58].

Así pues, el diaconado se celebraba del mismo modo para hombres y para mujeres, pero aplicado al servicio eclesial según tareas diferentes y específicas. Por ejemplo, en la región siria la *Didascalia de los apóstoles,* de la primera mitad del siglo III, nos informa de que las diaconisas desarrollaban actividades de apostolado y de caridad hacia otras mujeres (2,26-46). Las *Constituciones apostólicas,* que datan de entre el 375 y el 380, citan, por su parte, la misión que tenían las diaconisas en las conversaciones que las mujeres mantenían con el

---

58 Cf CIPRIANO VAGAGGINI, «L'ordinazione delle diaconesse nella tradizione greca e bizantina», en *Orientalia christiana periodica* 40 (1974), pp. 145-189.

obispo o con el diácono y en la acogida de las mujeres en la asamblea litúrgica (sobre todo en lo referente a la liturgia bautismal)[59].

Las funciones eran diversas, pero también se entendía de manera diferente el ministerio: en Capadocia, por ejemplo, el obispo Basilio dice expresamente que a la diaconisa se le exige la continencia del cuerpo porque está consagrada. Esta afirmación ha hecho pensar a Aimé G. Martimort que, probablemente, el diaconado que se confería a las mujeres en Capadocia coincidía con la *consecratio virgiunum*[60], pero, obviamente, se trata de una hipótesis que no puede generalizarse, pues los testimonios son variados. Solo un dato es cierto en la tradición, al menos en la occidental: con la desaparición del bautismo de adultos, el diaconado para las mujeres desapareció también[61].

---

59 Cfr. Rosa Maria Parrinello, «Diaconesse a Bisanzio: una messa a punto della questione», en *Diakonia, diaconiae, diaconato. Semantica e storia nei padri della Chiesa. XXXVIII Incontro di studiosi dell'antichità cristiana, Roma*, 7-9 de mayo de 2009, Institutum Patristicum Augustinianum, Roma 2010, pp. 653-665.

60 Aimé G. Martimort, *Les diaconesses. Essai historique*, Roma 1982, pp. 103-104, citado en Ilaria Trabace, *La figura della diaconessa negli scritti dei Padri cappadoci*, en *Diakonia, diaconiae, diaconato. Semantica e storia nei padri della Chiesa, o.c.,* pp. 639-651, que informa del acuerdo de otros expertos en este tema.

61 Sobre el diaconado femenino pueden consultarse los siguientes estudios que abordan el tema desde una perspectiva no solo histórica: Cristina Simonelli - Moira Scimmi, *Donne diacono? La posta in gioco*, Edizioni Messaggero, Padua 2016; Serena Noceti (ed.), *Diacone. Quale ministero per quale Chiesa?*, Queriniana, Brescia 2017.

Un testimonio para reflexionar

En este momento me permito compartir mi experiencia personal, que puede hacer reflexionar en este sentido. Soy una mujer consagrada en el *Ordo virginum,* que es la forma de vida consagrada exclusivamente femenina más antigua de la Iglesia. Establece la celebración de la consagración esponsal con Cristo de una mujer que nunca se ha casado con un hombre, en un rito solemne y público, presidido por el obispo diocesano en la catedral, de acuerdo con el Pontifical Romano. Este rito solemne, que se remonta a los siglos III-IV, empezó a celebrarse a partir de los siglos VII-VIII solo en los monasterios femeninos, pero en 1970, tras un largo silencio y gracias al papa Pablo VI, se restableció como había sido originalmente, en la forma *in seculo.*

Hoy es una de las formas de vida consagrada que está creciendo en mayor medida, y más rápidamente, en la Iglesia católica, y que se ha configurado como una forma de vida consagrada femenina al servicio de la Iglesia y del mundo, de maneras muy diversas, en diálogo con el obispo diocesano, pero sin la concesión de un ministerio particular más que el de la oración. Solo en algunos casos, en el respeto de los carismas y de la disponibilidad de las vírgenes consagradas, el obispo diocesano puede pedirles un servicio concreto.

Crecí en la fe en una parroquia de la periferia romana cuyo cuidado espiritual estaba en manos de los padres Agustinos. Para mi vocación fue determinante el encuentro con varias comunidades carismáticas extendidas por la capital durante los años de mi adolescencia. Tras mi graduación, e impulsada por el amor de Cristo, partí hacia el norte de Francia, donde viví en una comunidad carismática que aunaba contemplación y misión. Diez años después salí de la comunidad y llegué a Verona, donde, junto con otras mujeres, me consagré según el rito del *Ordo virginum*. Tras mi doctorado en Teología, el obispo me propuso que viviera en una comunidad parroquial que no contaba con un párroco residente.

Los fieles me acogieron con entusiasmo, aunque lamentaban la ausencia de un sacerdote en su iglesia; sin embargo, el párroco, ya anciano, acudía cada mañana desde la parroquia en la que residía para presidir la liturgia eucarística. Todos sabían que a mí me había enviado el obispo, pero dado que no se había celebrado nunca una liturgia ni ninguna reunión de la parroquia donde se hubiera hecho público el mandato, este se mantuvo en privado, y los fieles no llegaron a comprender cuál era mi tarea concreta en ese contexto. En lo ambiguo de la situación, para no ser una carga para la comunidad, yo hacía todos los meses una contribución económica en concepto de alquiler. Pero realizaba algunos servicios para la parroquia y para la diócesis: animación de la oración, recibimiento de los jóvenes en la casa parroquial, escucha a la gente (sobre todo mujeres).

El obispo me había invitado en varias ocasiones a proponer la liturgia de la Palabra en los días feriales y la liturgia de las horas cotidiana, pero yo me percataba de que la comunidad no estaba todavía preparada para celebrar una liturgia sin la presencia de un ministro ordenado. Para ellos, y estoy convencida de que es así para muchos católicos, la oración de la Iglesia terminaba con la santa misa. Los párrocos de las localidades vecinas tomaban decisiones sobre la parroquia en la que yo vivía, pero a mí no me consultaban nunca, yo solo me enteraba después de que ocurriera. De modo que, lamentablemente, nunca tuve la dicha de encontrarme con los párrocos de las parroquias vecinas para hablar de la conveniencia o no de las iniciativas que proponían ni para la planificación de actividades comunes.

Cuando, tres años después, se me comunicó que debía dejar aquella casa parroquial porque iba a llegar un sacerdote colaborador del párroco, dada mi situación ambigua y la pandemia de Covid 19 recibí la noticia con alegría y gratitud. No tanto por el hecho de volver a vivir con autonomía, sino porque comprendí que, en realidad, aunque hubiera sido por un tiempo limitado, se me había permitido vivir una experiencia única, quizá incluso profética. Por eso estoy agradecida aún hoy al obispo: entendí más de cerca el mundo eclesial, no solo estudiándolo en los libros, sino palpando con mis manos las llagas de una Iglesia enferma pero profundamente amada. Gracias a esta experiencia comprendí que en la Iglesia toda aquella persona –ya sea hombre o mujer– a la que se encomiende un ministerio específico podrá desempeñarlo libremente, en la verdad y en la caridad, solo si lo desempeñe de forma oficial y pública. Amo a la Iglesia, sin duda, y precisamente por ello sigo viviendo todavía con alegría mi servicio a la diócesis, colaborando en el departamento de liturgia, aunque no tenga un nombramiento concreto ni un mandato oficial.

Para concluir con una propuesta

Antes de concluir mi intervención quisiera hacer referencia a la situación de la Iglesia ortodoxa, que en nombre de la tradición no ha prohibido nunca la ordenación de diaconisas aun habiendo vivido un drástico declive de ordenaciones femeninas a comienzos de la Edad media.

En épocas más recientes, el Simposio interortodoxo de Rodas en 1988 y, posteriormente, en el año 2004, el Santo Sínodo de la Iglesia ortodoxa de Grecia, solicitaron el restablecimiento del diaconado femenino[62].

---

62 Cf https://www.liturgia.it/content/ministeria/diaconesse%20Chiesa%20Ortodossa%20Greca.pdf. El artículo hace referencia al Canon Law Society of America en 1995, afirmando que «se puede suponer la posibilidad de derogar la ley, como sugiere el Canon Law Society of America de 1995, para permitir la ordenación diaconal de las mujeres (la historia del canon 1024 es claramente un intento de excluir a las mujeres del sacerdocio, pero no del diaconado)».

Más adelante, en noviembre de 2016, el Sínodo del Patriarcado griego ortodoxo de Alejandría de Egipto, con el fin de restablecer la institución del diaconado femenino, nombró una comisión de obispos, como había hecho ya el papa Francisco. Asimismo, la existencia de dos declaraciones firmadas entre la Iglesia apostólica armenia y la Iglesia católica[63] atestigua la validez de sacramentos y órdenes entre ambas Iglesias, por tanto, también el diaconado femenino se incluye en este reconocimiento recíproco, puesto que hoy, en el *Catolicós* armenio de Cilicia, hay al menos cuatro mujeres ordenadas.

El respeto por las culturas y los diversos ritos ha sido siempre un principio que la Iglesia católica ha afrontado durante el transcurso de su larga historia. Pero la tarea de debate y de escucha de la Iglesia continúa todavía en el contexto actual, aunque es complejo. Porque el proceso sinodal que estamos viviendo nos invita al cambio, a una conversión, nos exige que escuchemos y, en la medida de lo posible, que acojamos la sensibilidad religiosa concreta que es propia de un pueblo, aunque no lo sea de otro. Si se produjera, pues, una apertura al ministerio, creo que es importante que antes se tengan en cuenta los contextos culturales, históricos y eclesiásticos de cada pueblo.

---

63 Una primera declaración firmada por el papa Pablo VI y por el *catholicós* Vasken I en 1970, y una segunda declaración firmada por el papa Juan Pablo II y el *catholicós* Karekein I en 1996.

Proteger la unidad no significa buscar la uniformidad, y, por consiguiente, tampoco significa acallar o ignorar las situaciones difíciles.

El verdadero problema es que, hasta hoy, y así hemos de reconocerlo, hemos buscado más la uniformidad que la unidad del cuerpo eclesial. En este sentido resulta ejemplificadora la situación de la Iglesia católica clandestina de la Checoslovaquia comunista, donde, en diciembre de 1970, el obispo Felix Davidek confirió la ordenación presbiteral a una mujer, Ludmila Javorová[64]. Se trata de un episodio único, que tuvo lugar en un momento de urgencia, para dar respuesta a una imperiosa necesidad de la comunidad eclesial, en un contexto de resistencia civil. Una situación difícil de imaginar para mí, que soy italiana, pero que en aquella realidad probablemente fue inevitable. Sin embargo, tras la Revolución de Terciopelo de 1990, el clero de la Iglesia clandestina no fue escuchado: fue obligado a pasar a la Iglesia ortodoxa, porque estaba en su mayor parte formado por hombres casados. Como Ludmila era mujer, se la obligó a firmar la invalidez de la ordenación que había recibido. La mujer obedeció las directrices de la Iglesia y guardó el don recibido en su corazón.

Se restableció la situación, pero no se prestó atención a lo que la Iglesia había vivido y estaba viviendo:

---

64 ZDENĚK JANČAŘÍK, *Ludmila Javorová. Sacerdote nella chiesa del silenzio*, con un estudio introductorio de Marinella Perroni y Cristina Simonelli, Effata, Cantalupa (Turín) 2021.

antes que admitir que la comunidad se encontraba en una situación de emergencia, en ese momento histórico concreto y en ese contexto particular, y para evitar cuestionar la teología del sacramento del orden, se invalidaron las ordenaciones que había hecho un obispo que –con razón o sin ella, no podemos decirlo– se había atrevido a considerar el bien del rebaño que tenía a su cuidado, el bien del cuerpo eclesial, por encima de lo que era «lícito» o no.

Ante algunas situaciones no se puede pasar de largo y seguir adelante como se ha hecho siempre. Si somos de verdad un solo cuerpo hay que saber escuchar las razones del cuerpo y valernos de la misericordia, admitiendo con sinceridad, y con libertad, que algunas situaciones no se pueden comprender, no se pueden juzgar, y que hoy, gracias a Dios, podemos ocuparnos de estas limitaciones y de estos problemas. El Espíritu Santo inspira y sigue inspirando, a pesar de sus límites y de su fragilidad, a hombres y mujeres, a pesar de las situaciones complicadas, ambiguas y confusas que vivimos: basta solo discernir y acoger lo bueno que queda.

Dada la complejidad de esta cuestión, no descartaría, también para nuestro mundo católico, el restablecimiento del diaconado para las mujeres como único ministerio atestiguado de manera evidente en la tradición, adaptándolo a las formas actuales, como la Iglesia exige en diversos contextos eclesiales. Pero esta apertura del diaconado a las mujeres, al menos en el estado en que se encuentra hoy la Iglesia, no debería permitir inmediata y automáticamente la apertura también a los otros grados del orden sagrado. No solo por respeto a la tradición, sino también por respeto a la misma liturgia, en particular a la liturgia eucarística que, en cuanto «liturgia del cuerpo de Cristo», está llamada a manifestar, más que otras, la diferencia entre miembros y funciones del cuerpo eclesial a través de la multiplicidad de los ministerios litúrgicos.

Podría ser un proceso gradual, pero en la liturgia, como en la vida de la Iglesia, es fundamental percatarse de que la presidencia litúrgica de la celebración eucarística, que es una celebración concreta, no es necesariamente la misma presidencia de la comunidad, y podría no ser tampoco la presidencia misma de otras posibles liturgias que una comunidad puede celebrar. Por tanto, podría pensarse en hacer accesible el diaconado a las mujeres, pero en la forma permanente, que, aunque está reservada únicamente a los varones, existe ya desde 1967[65]. De este modo se especializaría mejor el sacramento del orden, en su dinamismo y diversidad de grados, y el diaconado tendría una connotación propia, distinta del presbiterado, estaría más cerca del pueblo y en diálogo constante con la sociedad. Así, las

---

65 El papa Pablo VI concedió el diaconado permanente con la promulgación del *motu proprio «Sacrum diaconatus»* en 1967.

mujeres llamadas al diaconado podrían desempeñar una gran variedad de servicios, en la diversidad de sus múltiples carismas, en diálogo con el obispo.

Sin embargo, si el restablecimiento del diaconado para las mujeres de esta forma concreta actualizada y permanente no fuera el camino adecuado, podía permitirse al menos que los obispos diocesanos y las conferencias episcopales otorgaran nombramientos oficiales específicos a mujeres cualificadas para ministerios de cierta relevancia, incluyendo la presidencia de comunidades cristianas, así como la predicación y la dirección espiritual de comunidades y su gestión. Esto permitiría que todo el cuerpo eclesial, no solo ellas, alcanzara una mayor fecundidad en el anuncio del Evangelio en el mundo.

RESPUESTAS

EL PAPEL DE LAS MUJERES EN LA IGLESIA

Seán O'Malley OFM CAP

Desde el inicio de su pontificado, el papa Francisco se ha comprometido a promover el papel de la mujer en los ministerios de la Iglesia y ha tratado continuamente de designar a más mujeres para puestos de responsabilidad en la Curia Romana. En un mundo en el que todas las profesiones políticas, económicas, educativas y sociales están abiertas a todas las personas, independientemente de su género, en un mundo en el que se reconoce que las mujeres poseen capacidades iguales o superiores en todas las actividades y tareas, es crucial que la Iglesia aborde el papel de las mujeres en el liderazgo y el ministerio. Hay que destacar que la aparente cerrazón de la Iglesia en estas cuestiones y la consiguiente impaciencia creciente de los laicos han provocado tensiones dentro de la Iglesia, especialmente en Estados Unidos y otros países desarrollados.

En mi opinión, cuando dedicamos demasiada energía a lo que no podemos cambiar, desatendemos el trabajo por el progreso en áreas que sí admiten cambios. La constante e inalterable tradición de la Iglesia es que la ordenación al sacerdocio está reservada a varones. Dado que esto no va a cambiar, es urgente identificar lo que sí puede hacerse en concreto para hacer accesibles más ministerios a las mujeres y permitir que sus dones y carismas prosperen en la Iglesia.

El clericalismo se ha identificado claramente como uno de los obstáculos a una mayor participación de las mujeres. El papa Francisco ha abordado con frecuencia este problema y sigue abogando por un cambio de actitud.

En el Consejo de Cardenales en el que la hermana Linda Pocher y varias de sus colegas ofrecieron ponencias sobre las mujeres y los ministerios, tuvimos ocasión de reflexionar sobre el papel de la mujer en los Evangelios y el Nuevo Testamento, papel que con frecuencia se ha pasado por alto. Tuvimos la ocasión de escuchar el testimonio de una obispa anglicana que habló de la experiencia de su Iglesia, donde la ordenación de mujeres había comenzado en la década de 1970. Algunas provincias de la Comunión anglicana admiten mujeres en los tres órdenes tradicionales: diaconado, sacerdocio y episcopado. Otras provincias ordenan mujeres al diaconado y al sacerdocio, pero no al episcopado, mientras que otras las ordenan solo al diaconado.

La primera mujer en convertirse en obispo en la Comunión anglicana fue Barbara Harris, que fue ordenada obispa sufragánea de Massachusetts en 1989. En el año 2006 la Iglesia episcopal en Estados Unidos eligió a la primera mujer como primada u «obispa *senior*» de una Iglesia nacional, la obispa Catherine Jefferts Schori.

La ordenación de mujeres en la Comunión anglicana ha suscitado diferentes desafíos para la Iglesia. En las provincias que permiten la ordenación de mujeres, la aprobación de la legislación que lo permite es principalmente una responsabilidad diocesana.

La obispa Wells explicó que dentro de la Iglesia anglicana existe tradicionalmente una corriente protestante y otra anglo-católica. Me sorprendió oír que parte de la oposición a la ordenación de mujeres procede de la rama evangélica de la Iglesia anglicana, que aduce motivos bíblicos para rechazar el papel del liderazgo femenino en la Iglesia. También, como era de esperar, se oponen a ello los anglicanos más inclinados al catolicismo.

En la época del Concilio Vaticano II hubo un gran optimismo y entusiasmo por nuestras relaciones ecuménicas con la Iglesia anglicana. Recuerdo, siendo seminarista, haber visto un cartel delante de St. Martin-in-the-Fields, en Londres, que anunciaba que el ayuno eucarístico se reduciría a tres horas previas a la comunión, para adaptarse así a las normas «de la Iglesia occidental». Los cambios litúrgicos en el uso del leccionario y el calendario estaban acercando a nuestras Iglesias.

La decisión unilateral de la Iglesia anglicana de ordenar mujeres derribó muchas de las optimistas aspiraciones ecuménicas y provocó un cierto distanciamiento entre la Iglesia anglicana y las Iglesias ortodoxa y católica. Supuso una gran decepción para muchos de nosotros, porque en Estados Unidos la Iglesia anglicana, que parecía ser cultural y teológicamente más cercana a nosotros, comenzó a tomar distintas decisiones –y no solo la de la ordenación de mujeres– que la distanciaban de la Iglesia católica.

Cuando me convertí en obispo de las Indias Occidentales, fui testigo de otro tipo de Iglesia anglicana que era mucho más cercana a la católica, y esto, nuevamente, me dio esperanzas de que podría haber una relación más cercana en el futuro. Haber conocido la Iglesia anglicana de las Indias Occidentales, tan diferente de la Iglesia episcopal de Estados Unidos, me permitió entender la decisión del papa Benedicto XVI de publicar la Constitución apostólica *Anglicanorum coetibus* en 2009. Esta Constitución proporcionó a grupos de antiguos anglicanos una estructura canónica para entrar en plena comunión con la Iglesia católica romana, en la forma de ordinariatos personales que actualmente existen en Gran Bretaña, Estados Unidos, Australia y Japón.

La obispa Wells nos dijo que consideraba que la diversidad de la Iglesia anglicana era beneficiosa. También compartió que la práctica actual de las ordenaciones no se considera una decisión definitiva hasta que sea aceptada por toda la Iglesia. Entre tanto, toda persona con vocación al ministerio en la Iglesia de Inglaterra debe aceptar cinco principios que declaran su apoyo a la práctica actual en su Iglesia y debe declarar su compromiso por vivir en el más alto grado de unidad.

Soy consciente de que en Estados Unidos muchos católicos aceptarían la ordenación de mujeres. Vivimos en una sociedad que se enorgullece de ser capaz de superar todo tipo de discriminación y de promover los derechos y prerrogativas de todos.

En mi país, incluso quienes se oponen a la ordenación de mujeres no dudan en absoluto de la capacidad, el talento y la espiritualidad de las mujeres, ni del hecho de que están plenamente capacitadas para desempeñar cualquier ministerio al que esté llamado un sacerdote. Yo crecí en una generación en la que el grupo de población más culto eran las religiosas católicas. Nuestras religiosas dirigían el mayor sistema educativo privado del país, que proporcionaba educación a millones de niños. Dirigían universidades, hospitales, residencias de ancianos e instituciones de servicios sociales y llevaban a cabo muchas otras iniciativas importantes. Muchas más monjas que sacerdotes tenían máster y doctorado.

Para la Iglesia católica lo que está en juego es la sucesión apostólica y la validez de los sacramentos. Por esa misma razón muchos anglicanos, entre los que se incluyen un elevado número de obispos y sacerdotes, se han convertido al catolicismo. Es de destacar también que muchos sacerdotes católicos se han convertido en anglicanos, en parte para ser libres para casarse y poder seguir sirviendo como clérigos.

El hecho de que la Iglesia católica contemple en ocasiones el matrimonio para el clero –para los diáconos permanentes, el clero de rito oriental, el clero anglicano y el clero luterano que se ha hecho católico– quizá alimente la falsa esperanza de que podría modificar cualquier requisito necesario para la ordenación.

Nuestra práctica de reservar la ordenación sacerdotal solo a varones no significa en absoluto que los hombres sean superiores a las mujeres. En el mundo actual sería difícil defender dicha postura, y algunos católicos se sienten avergonzados por las enseñanzas y la tradición de la Iglesia sobre la ordenación. Todo esto pone de relieve la gran necesidad de asegurar a las mujeres y a todos los católicos que creemos de verdad en la igual dignidad de hombres y mujeres. Solemos olvidar que los discípulos más importantes no son necesariamente los miembros de la jerarquía, sino las mujeres y los hombres que son nuestros santos, incluidos los santos de la puerta de al lado.

Hemos de trabajar para llegar a ser una Iglesia donde se valoren y se celebren las contribuciones y la participación de las mujeres, con sus dones, talentos y carismas. Para conseguir esto en toda la Iglesia habrá que acometer cambios, pero dichos cambios deben respetar nuestra teología y nuestras creencias. Por el bien de la Iglesia y de su pueblo, no podemos permitirnos cometer errores actuando con prisa o sin tomar en plena consideración las consecuencias que pueden derivarse de los cambios.

Las reflexiones de Giuliva Di Berardino sobre el papel de las mujeres en la Iglesia hacen hincapié en el concepto paulino según el cual todos los bautizados, hombres y mujeres, son miembros del mismo cuerpo, con Cristo como nuestra cabeza. Somos parte de un pueblo sacerdotal; y el Espíritu Santo distribuye dones y carismas a todo el cuerpo, imagen orgánica de la Iglesia. Es importante que todos descubramos esta dimensión sacerdotal de la vida de todos los bautizados.

En el Sínodo de la Amazonia escuchamos el testimonio de mujeres que dirigían comunidades cristianas en lugares donde no había presente ningún ministro sacerdotal. En numerosos lugares del mundo las mujeres desempeñan muchas funciones que en otros lugares solo se encomiendan a sacerdotes y diáconos.

Es importante que entendamos y reflexionemos sobre la tradición de la Iglesia y descubramos el importante papel que tuvieron las mujeres en las primeras generaciones de las comunidades cristianas. Hubo un diaconado femenino similar al del diaconado masculino y estuvo particularmente activo en épocas en que había muchos bautismos de adultos. La vida pastoral de la Iglesia primitiva también contó con la participación activa de viudas y vírgenes consagradas. Escuchar la fascinante exposición de la Dra. Di Berardino sobre las extraordinarias cualidades que las mujeres aportan al ministerio y a la vida de la Iglesia me ha hecho estar todavía más convencido de la urgente necesidad de reconocer y promocionar los ministerios y apostolados del laicado en general y, en particular, de aquellos que tan bien desempeñan las mujeres.

La propia Dra. Di Berardino es virgen consagrada, una forma de consagración religiosa que está creciendo rápidamente en nuestra Iglesia. Ha habido una tendencia a identificar la participación en la vida de la Iglesia principalmente con el desempeño de una función litúrgica. El papel activo de los laicos en la liturgia fue una significativa aportación del Concilio Vaticano II; sin embargo, hemos de tener cuidado para no clericalizar a los laicos. Debemos invitarles a asumir su tarea de transformar la sociedad con los valores del Evangelio.

Habrá muchas opiniones contrapuestas sobre la mejor manera de actuar. Agradezco que el papa Francisco haya dado un nuevo impulso a la sinodalidad en la Iglesia, gracias al cual comenzamos los debates rezando juntos y escuchándonos unos a otros, tratando de comprender la voluntad de Dios para su pueblo.

Muchas de las innovaciones del Concilio Vaticano II han quedado encalladas en una puesta en práctica complicada y difícil. Curiosamente, en Estados Unidos, el papel del liderazgo femenino en la Iglesia se ha visto un tanto mermado debido al drástico cambio en la vida religiosa. Es una lástima que en la época del Concilio Vaticano II no hubiera un proceso sinodal para poner en práctica sus enseñanzas y evitar, así, muchos de los conflictos y errores que provocaron confusión y división entre el pueblo en la Iglesia.

Por otro lado, desde el Concilio Vaticano II la participación de las mujeres en los ministerios parroquiales, en los consejos pastorales y económicos de las parroquias, en las escuelas católicas, en las obras de misericordia y evangelización y en los ministerios de justicia social de la Iglesia ha sido extraordinaria. El desafío al que nos enfrentamos como Iglesia que custodia la sucesión apostólica y el gobierno apostólico es garantizar la participación de todo el pueblo y reconocer los dones del sacerdocio y de los laicos. Confiemos en que la sinodalidad nos proporcionará el camino a seguir.

El papa Francisco ha pedido reiteradamente roles más importantes para las mujeres en el liderazgo de la Iglesia. En el documento del Sínodo de la Amazonia, el Santo Padre señala que las mujeres han mantenido viva la Iglesia gracias a su notable devoción y a su profunda fe. Es una observación veraz respecto a la vida de la

Iglesia en el mundo, pero es particularmente válida en la región del Amazonas, donde las mujeres han sido extraordinarias líderes de la comunidad, manteniendo viva la fe con su testimonio y su ministerio. El Santo Padre ha designado también a muchas mujeres para desempeñar importantes cargos de liderazgo en el Vaticano, más que en ninguna época anterior. Estos cargos de liderazgo incluyen a seis mujeres laicas designadas como miembros del Consejo para la Economía y muchas otras mujeres designadas para papeles clave en los diferentes dicasterios vaticanos.

Todavía queda mucho trabajo por hacer. En un mundo en el que la amplia participación femenina en la vida profesional es en muchas culturas una práctica común que aporta grandes beneficios a todos, la Iglesia debe asumir esta práctica. Es verdaderamente importante que las mujeres jóvenes sepan que respetamos, valoramos y necesitamos sus talentos y sus dones en la vida de la Iglesia. En el Vaticano, en las archidiócesis o diócesis de todo el mundo y en nuestras parroquias, necesitamos más mujeres ocupando puestos de liderazgo. De lo contrario perjudicaríamos a la Iglesia y al pueblo de Dios.

Agradezco el trabajo de la hermana Linda Pocher y de las elocuentes ponentes que acudieron a los encuentros del Santo Padre sobre el papel de las mujeres en la vida de la Iglesia. Sus ponencias fueron de gran valor para todos los que tuvimos la oportunidad de escuchar sus experiencias y logros y de reconocer los desafíos a los que nos enfrentamos. Confío en poder proseguir este diálogo para fortalecer la labor de la Iglesia mediante la colaboración con las mujeres creyentes.

UN LARGO CAMINO AÚN POR RECORRER

Jean-Claude Hollerich SJ

Qué hermosa iniciativa ha tenido el papa Francisco al pedir al Consejo cardenalicio reflexionar sobre la posición de las mujeres en la Iglesia. Como arzobispo de Luxemburgo, durante mis visitas parroquiales escucho a mujeres que piden un mayor reconocimiento en la Iglesia. Algunas solicitan la ordenación con mucha agresividad, y la mayoría de las mujeres comparten su opinión; algunas parecen no afectadas por el tema; otras se muestran completamente contrarias. Como obispo las escucho con empatía y sufro con ellas. Pero esto no quiere decir que acepte por completo estas posturas.

En esta reunión del C9 hemos podido escuchar a una obispa de la comunidad anglicana, una mujer de gran fe, impulsada por el deseo de poder anunciar el Evangelio. Nos explicó el largo camino que tuvo que recorrer la comunidad anglicana para llegar a la ordenación sacerdotal de las mujeres y, posteriormente, al acceso de las mujeres al episcopado. Admiro el valor de los obispos anglicanos porque este camino hacia la ordenación fue arduo, estuvo jalonado por graves crisis, pero permitió evitar un cisma que era una amenaza real.

A pesar de ello, no creo que la Iglesia católica pueda emprender el camino anglicano. La comunión anglicana es un edificio con muchos estilos diferentes que van desde una teología reformada de tipo calvinista a una especie de «anglocatolicismo». En algunas iglesias se celebra únicamente la liturgia de la Palabra y en otras la misa solo se celebra los domingos. De esto se deriva que el ministerio ordenado anglicano no sea del todo homologable con el ministerio ordenado católico. El modelo de la Iglesia anglicana es una comunión más o menos unida. Las parroquias que no aceptan el ministerio ordenado de una mujer como obispo se encuentran bajo la autoridad sacramental de un obispo al servicio de las comunidades que no acepta el ministerio ordenado de las mujeres. Un compromiso estupendo que no contradice el *sensus ecclesiae* de la comunidad anglicana. Pero ¿podría esto considerarse de verdad una solución factible para la Iglesia católica? La Iglesia católica romana ha seguido siempre el modelo territorial de Iglesia, en el que el obispo está llamado a ser punto de unión y no factor de división.

La comunidad anglicana se presenta como una comunión sin jerarquía universal. En este sentido algunas Iglesias se muestran favorables a la ordenación de las mujeres, mientras otras Iglesias son más escépticas o negativas. En la Iglesia católica tenemos una unidad de doctrina y una unidad de colegio episcopal, en comunión con el obispo de Roma, que representan la unidad de la Iglesia universal. La ordenación de las mujeres no podría hacerse sin el consentimiento del papa y de los obispos. Una teología sinodal añadiría que no podría realizarse un cambio sin un amplio *consensus* del pueblo de Dios en todos los continentes. ¿La ordenación de las mujeres permitida en ciertas Iglesias y rechazada en otras? Precisamente, a día de hoy, en la Iglesia católica hay voces que piden diferentes avances en las distintas Iglesias locales. Pero ¿sería sostenible una diferencia así, que afecta a la esencia de la Iglesia? ¿No provocaría más bien un nuevo desgarro de las ropas de Cristo, conduciéndonos al cisma? ¿No es la unidad de la Iglesia el rasgo que debemos preservar? Me parece muy difícil, cuando no imposible, que la esencia de la enseñanza, la esencia de la estructura misma de la Iglesia, pueda ser distinta de un continente a otro o de una Iglesia local a otra. Es evidente que esta mayor autonomía de las Iglesias locales y de las estructuras que reagrupan a las Iglesias locales es deseable, pero no representaría lo que constituye el sentido propio de la Iglesia.

Y, además, por supuesto, debemos pensar también en nuestras Iglesias hermanas ortodoxas. Tras el encuentro entre el papa Pablo VI y el patriarca Atenágoras, las dos Iglesias se acercaron lentamente. ¿No perturbaría la ordenación de las mujeres este proceso de forma destructiva, eliminando de golpe ese acercamiento que se ha producido en las últimas décadas?

He tratado de manifestar las cuestiones que he visto surgir mientras escuchaba a la obispa anglicana. ¿Significan estas dudas que haya que descartar completamente la ordenación de las mujeres? No estoy seguro de ello. La respuesta a las *dubia* de algunos cardenales indica que la puerta no está del todo cerrada. Pero es cierto que nosotros todavía necesitamos una larga reflexión teológica que incluya la eclesiología. Y también es cierto que necesitamos un amplio *consensus* entre el pueblo de Dios y entre los obispos, y el consentimiento pleno del Santo Padre. No considero que la Iglesia católica pueda responder a estas condiciones ahora o en un futuro próximo.

Me parece necesario el diálogo respetuoso con las Iglesias que han optado por algo distinto y el respeto hacia todas las mujeres que se sienten llamadas al sacerdocio.

Muchas mujeres piensan que solo la ordenación podría ponerlas al mismo nivel que los hombres. Los hombres ejercerían el poder y las mujeres deberían obediencia a los hombres, un enfoque de la Iglesia que tiene el gusto rancio de pasadas décadas. ¿Puede la *potestas* vinculada al ministerio ordenado ser verdaderamente sinónimo de poder, término que tiene una acepción negativa en muchas de nuestras sociedades? ¿No muestra la percepción negativa del poder jerárquico un clericalismo que nuestro papa Francisco no se cansa de denunciar? ¿Una Iglesia sinodal fundada en la dignidad bautismal en la que el ministerio ordenado se convierta en auténtico servicio no atenuaría la frustración de muchas mujeres? ¿No sería la plena participación de las mujeres en la misión de la Iglesia un paso importante que dar? ¿No ha permitido acaso la reforma de la Curia del papa Francisco que las mujeres accedan a responsabilidades que estuvieron reservadas antes a los ministros ordenados? No podemos no estar de acuerdo en que las mujeres actúan con mucha competencia y son una bendición para la Iglesia. En muchas curias diocesanas se confiere a las mujeres responsabilidades importantes como delegadas episcopales que ejercen su autoridad junto a los vicarios episcopales.

En *Praedicate evangelium* se nos dice que en la Curia romana los prefectos laicos ejercen realmente la autoridad que el obispo de Roma les ha otorgado. En este sentido, ¿no podrían ser las mujeres en las Iglesias locales el equivalente de los vicarios episcopales, dado que ha sido el obispo quien les ha encargado su misión?

Los ministerios bautismales del lectorado y el acolitado son estados que han sido abiertos por el papa

Francisco a las mujeres. Estos ministerios instituidos, a los que se añade el de catequista, tan importante en África, son un signo visible de la misión de la Iglesia basada en la dignidad bautismal. La puesta en práctica de estos ministerios permite una plena participación de las mujeres y subsana la imagen de una Iglesia dominada por los hombres. Para que esta señal sea real necesitamos una conversión sinodal a nivel de nuestras comunidades y nuestras parroquias, que se traduce en un nuevo estilo sinodal en la vida y en la misión de la Iglesia. Una mayor participación en la misión de la Iglesia por parte de todos los miembros del pueblo de Dios sería una hermosa corrección de la autorreferencialidad eclesial, a la que nos referimos cuando abordamos la cuestión del limitado reparto de poder en la Iglesia.

Por consiguiente, respeto para la Iglesia de Inglaterra. Su ejemplo nos enseña que tenemos la obligación de tomar en serio el dolor y las reivindicaciones de muchas mujeres, pero esto es algo que debe producirse en una dinámica y en una reflexión propia de la Iglesia católica.

La presentación de Giuliva di Berardino constituye un paso en esta dirección, en una teología clara y profunda que parte de una concepción paulina de la Iglesia Cuerpo de Cristo. Esta presentación muestra el dilema de la Iglesia: por un lado, somos los herederos de una larga tradición y no podemos ignorarlo. El tiempo nos permitirá comprender qué elementos de estas tradiciones hemos de conservar, que pueden ser sencillas adaptaciones del espíritu del tiempo *(Zeitgeist)*. El tiempo, la oración y el discernimiento nos permitirán diferenciar entre «tradiciones» y «Tradición» en fidelidad al magisterio. El dilema en el que nos encontramos muestra que el deseo de las mujeres afronta situaciones y teologías heredadas del pasado que pueden a veces dar la impresión de ser una muralla china contra la que chocan y se destruyen las esperanzas y deseos de todas las mujeres. La Iglesia –Cuerpo de Cristo– vive de todos sus miembros, de una ministerialidad ordenada y de una ministerialidad bautismal. Es la vida de la Iglesia, la misión de la Iglesia, lo que nos permitirá salir del dilema en el que nos encontramos.

Estas reuniones del Consejo cardenalicio sobre la posición de las mujeres en la Iglesia pueden dar ánimo a las mujeres. En ocasiones algunos miembros del alto clero mantienen cierta distancia en su relación con las mujeres. Seminarios menores y mayores, curias diocesanas, etc., eran ámbitos masculinos en los que las mujeres desempeñaban únicamente un papel inferior de servicio. Los prelados educados en esta cultura masculina no se sentían cómodos junto a mujeres que querían ser tratadas como «iguales». El papa Francisco no es así: se siente cómodo con las mujeres, las escucha y dialoga con ellas. Esta actitud del Papa es alentadora, y puede servir de modelo a los obispos. Somos todos hijos de mujeres, somos hermanos de mujeres. Nuestra misión pastoral nos hace «padres» y a veces «abuelos» de muchas mujeres. Lo que estas mujeres piensan, aquello a lo que aspiran, ¡no puede sernos indiferente! ¡Nuestra empatía es necesaria! Esta empatía es la que nos conduce a un diálogo de verdad con todas las mujeres.

Un largo discernimiento le espera a la Iglesia. Nuestra escucha, nuestro intercambio de opiniones en el C9 son un pequeño paso en la dirección correcta.

Que María, madre de Dios y madre de la Iglesia, nos ayude y nos acompañe en este camino de escucha y discernimiento.

PERFILES

Linda Pocher

Nacida en Udine en 1980, es Hija de María Auxiliadora desde 2003. Es licenciada en Filosofía y Doctora en Teología Dogmática. Imparte Cristología y Mariología en la Pontificia Facultad de Ciencias de la Educación *Auxilium* de Roma, donde coordina la Escuela de Ecología Integral «Custodi del Giardino».

Es miembro de la Asociación Teológica Italiana, miembro del Consejo de la Pontificia Academia Mariana Internacional y del Comité Científico del Joint Diploma en Ecología Integral proyecto conjunto promovido por la red de Universidades y Facultades Pontificias de Roma.

Colabora con la Ciofs-escuela FMA para la formación espiritual de los profesores de las escuelas de todos los niveles de las Hijas de María Auxiliadora en Italia y se encarga de la formación a la vida religiosa, la predicación y el acompañamiento espiritual de jóvenes y adultos. En 2021 publicó *Dalla terra alla madre. Per una teologia del vientre materno*. En Pauline editó en 2023 el volumen *Immagini di Maria, immagini della donna. Cinema e mariologia in dialogo*. En Paulinas, en 2024, escribió la introducción y un capítulo del libro a varias voces *¿«Desmasculinizar» la Iglesia? Un diálogo abierto*.

Jo B. Wells

Nació en Yorkshire en 1965. Estudió Historia y filosofía de la ciencia en la Universidad de Cambridge, Comunicación intercultural en la Universidad de Minnesota (Massachussets) y Teología en la Universidad de Durham.

Ordenada en 1995, entre las primeras mujeres sacerdotes de la Iglesia de Inglaterra, fue capellana y luego decana del Clare College de Cambridge, profesora de Antiguo Testamento y Teología Bíblica en Ridley Hall y profesora de Biblia y Ministerio en la Duke Divinity School de Carolina del Norte, donde también dirigió la Casa de Estudios Episcopales Anglicanos. Durante ese tiempo ejerció también el ministerio pastoral entre los estudiantes.

Cuando regresó a Reino Unido en 2012, pasó a ser capellana del arzobispo de Canterbury Justin Welby, y en 2016 fue consagrada obispa de Dorking, en la diócesis de Guildford. Tras la Conferencia de Lambeth de 2022 se trasladó a la Oficina de la Comunión Anglicana para desempeñar el cargo de obispa para el ministerio episcopal. Actualmente es también vicesecretaria general de la Comunión Anglicana, que abarca 42 provincias en 165 países.

Está casada con Sam, presbítero y teólogo, con quien tiene dos hijos adultos.

Giuliva Di Berardino

Originaria de Celano (L'Aquila) y nacida en 1975, es licenciada en Letras Clásicas y obtuvo su doctorado en Teología en el Instituto de Liturgia Pastoral de Padua, con una investigación sobre la danza como lenguaje ritual.

Consagrada en el *Ordo virginum* de la diócesis de Verona desde 2014, es profesora en la escuela pública y dirige cursos, ejercicios espirituales y retiros de espiritualidad en danza en diversos centros de espiritualidad.

En su blog «La Parola danza la vita» y en su canal de YouTube publica breves comentarios al Evangelio. Es miembro de la Asociación de Profesores de Liturgia y colabora con el Servicio litúrgico y con el Servicio de peregrinaciones de la diócesis de Verona.

Ha publicado *Danzare la Misericordia. Corpo e danza nella Bibbia* (2016); *L'amore sponsale. Un amore che danza* (2019); *La 97 via della bellezza. Riflessioni di spiritualità e liturgia* (2020); *Il profumo delle donne nei Vangeli* (2020); *La danza rituale. Dalla pietà popolare alla liturgia* (2020); *Lasciarsi muovere da Dio. Per abbracciare il mondo* (2021); *La pace del cuore. Itinerario verso l'unità* (2023).

Seán P. O'Malley

Nació en 1944 en Lakewood (Ohio) en una familia de origen irlandés. Religioso capuchino, fue ordenado obispo en 1984, y desde 2003 es arzobispo de Boston. Creado cardenal por Benedicto XVI en 2006, es miembro del consejo administrativo de la Conferencia de Obispos Católicos de Estados Unidos y forma parte de los Comités de Actividades Pro-Vida y de la Iglesia en América Latina.

El papa Francisco le nombró miembro del Consejo cardenalicio en 2013, presidente de la Pontificia Comisión para la Protección de Menores en 2014 y miembro de la Congregación para la Doctrina de la Fe en 2017.

Jean-Claude Hollerich

Nació en Differdange (Luxemburgo) en 1958 e ingresó en la Compañía de Jesús en 1981. Durante varios años llevó a cabo su misión en Japón, donde se encargó de la docencia y de las obras pastorales, y desde el año 2011 es arzobispo de Luxemburgo.

Presidente de la Conferencia europea de Comisiones «Iustitia et Pax», entre 2018 y 2023 fue también presidente de la Comisión de las Conferencias Episcopales de la Unión Europea (Comece).

En 2019 fue creado cardenal por el papa Francisco, que en 2023 le llamó a formar parte del Consejo cardenalicio. Fue Relator general en la XVI Asamblea general ordinaria del Sínodo de los obispos.

Índice